SBS
스페셜
체인지

SBS
스페셜
체인지

「SBS 스페셜」 제작팀 지음

혜화동

소소하지만 강력했던 교육 실험

중학교 2학년 자녀를 둔 학부모 정경태(가명) 씨는 퇴근해 돌아와 아내와 아이가 학원 문제로 실랑이하는 모습을 볼 때마다 마음이 답답하다. 오늘도 아이가 숙제를 안 하고 학원에 간 모양이다. 꼬박꼬박 매달 65만 원씩 내고 수학 학원을 보내고 있건만 받아오는 성적은 70점! 고1까지 선행 진도를 뺐다는데, 고1 수학 문제는커녕 제 학년 문제도 못 푸니 학원 전기세만 내고 다닌다는 경우가 바로 내 아이를 두고 하는 말이었던 것이다.

기계적으로 학원에 가방만 들고 왔다 갔다 하는 것 같은 아이, 상황은 다 알지만 막상 그마저도 안 다니면 70점짜리가 60점이 될 것 같아 학원을 끊을 수 없는 아내! 이것이 비단 정경태 씨 가정만의 고민일까?

2021년 사교육비가 23조를 돌파했고, 학생 4명 중 3명이 학원에 다닌다고 한다(책을 쓰는 동안 발표된 2022년 사교육비는 26조를 넘어섰다). 친구들이 다 학원에 다녀서 친구와 어울리려면 학원에 갈 수밖에 없다는 웃픈 현실. 사교육비에 등골이 휘는 부모와 학원 숙제에 숨이 막히는 아이들. 아무리 생각해도 이건 아니다 싶으면서도 '다 그러고 사는 거지. 뾰족한 수 있나.'라며 합리화한 건 아닐까?

아이도 부모도 누구도 행복하지 않은 지금 교육 현실은 무언가 잘못되어 있다는 생각이 들었다. 그래서 「SBS 스페셜」 제작팀은 '다들 그렇게 해'라는 교육에 대한 고정관념을 뒤집어 보고 싶었다. 우리는 먼저 부모와 아이들을 만나 고민을 들었다. 그리고 2022년 여름방학에 소소하지만 강력한 교육실험을 시도했다. 바로 '학원 끊기 프로젝트'와 '공부방 없애기 프로젝트'였다. 이 프로젝트는 '공부를 잘하려면 학원은 필수다', '공부에 집중하려면 독립된 공부방이 필요하다'라는 교육 공식이 정답일까 하는 의문에서 출발했다.

첫 번째 프로젝트인 '학원 끊기 프로젝트'에서는 아이가 뒤처질까 불안해 억지로 등 떠밀어 학원에 보냈던 부모들이 자녀가 스스로 공부를 하는 습관을 길렀으면 하는 바람으로 다니고 있는 모든 학원을 일제히 끊었다. 그리고 한 달간 자기주도학습을 진행했다. 제작진은 한 달 동안 실험 카메라를 통해 세 학생의 모습을 관찰했다. 결과는 놀라웠다.

집중력이 5분도 안 되었던 초등학교 5학년 민준이는 20분 이상

의자에 앉아 공부했고, 무기력했던 중학교 1학년 한주는 스스로 계획을 세우고 공부를 시작했고 공부가 조금 자신감이 생겼다고 했다. 학원은 성실히 다니지만 어쩐지 성적이 안 나오던 중학교 2학년 승현이는 평균이 무려 20점 이상 오르는 놀라운 결과를 만들어 냈다.

두 번째 프로젝트인 '공부방 없애기 프로젝트'에서는 공부는 공부방에서 하고 거실은 가족의 휴식 공간이어야 한다는 고정관념을 깨고 거실을 공부방으로 바꾸는 실험을 진행했다. 삼 남매에게 각각 방을 만들어 주는 게 고민이던 준혁이네, 육아와 집안일을 동시에 진행해야 하는 지아와 솔아네, 사춘기가 시작된 중학교 1학년 지우네는 거실에 책상과 책장을 놓고 거실 공부를 시작했다. 이 프로젝트는 일본에서 거실 공부로 네 아이를 도쿄대학교 의대에 보낸 거실 공부의 대모 사토 료코 씨가 자문을 해 주었다.

책상이 거실로 나오면 어수선하지 않을까, 오히려 아이들이 한곳에 모여 장난치고 공부에 방해되지 않을까 망설이던 부모들도 한달 후 달라진 집안 분위기에 만족스러워했다. 거실을 아이들에게 내주면서 가족은 '웃음'을 얻었다.

2023년 1월에 「SBS 스페셜 – 체인지」라는 타이틀로 1부 학원 끊기 프로젝트, 2부 공부방 없애기 프로젝트가 방송되었다. 방송 후 맘카페와 SNS에서 학원 끊기와 거실 공부가 큰 화제가 되었다.

많은 부모가 당연하게 생각하던 사교육을 점검하게 되었다 했고, 공부 공간에 대해 생각해 보게 되었다는 의견을 보내 주었다. 방송을 보고 바로 거실을 공부방으로 바꾸었다는 글도 심심치 않게 찾아볼 수 있었다.

「SBS 스페셜」 제작팀이 이 프로젝트를 진행한 건 사교육의 무용론을 주장하거나 학원이냐 자기 주도냐 공부의 방식을 이분법으로 나누어 정답을 찾자는 건 아니었다. 공부에는 여러 길이 있다는 걸 함께 고민해 보고 싶었다. 부모님들이 불안함을 내려놓고 교육의 의미가 무엇인지, 아이의 미래를 위해 필요한 공부는 무엇인지 고민하는 시간이 되었으면 했다.

공부 방식을 바꾸고, 공부 환경을 바꾸는 시도가 가져온 변화에 제작진도 놀랐다. 한 달이라는 짧은 시간이었지만 아이들은 학원에 빼앗긴 공부 주도권을 조금씩 되찾아 왔고, 거실 공부를 통해 가족 간의 소통이 늘고 자연스러운 공부 습관이 형성되었다. 아이들은 공부가 재미있어졌다고 말했다.

한 달간 프로젝트에 참여한 가족들을 관찰하면서 제작진은 공부 효과를 높이는 가장 큰 비밀을 깨닫게 되었다. 그것은 '소통'이었다. 프로젝트의 성공 뒤에는 부모의 믿음과 지지, 격려가 있었다. 학원을 끊고 아이가 주도적으로 공부할 수 있게 기다려 주고 아이의 의견을 들어 주고, 거실에서 일상을 공유하며 대화를 나누면서 자연스럽게 회복된 부모와 자녀의 신뢰 관계가 학업에서도 놀라운 결과를 이끈 것이다.

　한 달 동안 촬영한 내용을 한두 시간의 방송으로 편집하려니 미처 담지 못한 이야기들이 많았다. 그 이야기들을 최대한 책에 담고자 애썼다. 또 혹시 방송을 보고 프로젝트를 직접 실천해 보고 싶은 부모들을 위해 전문가들이 해결책을 제시한 내용과 프로젝트 진행 중 있었던 시행착오도 고스란히 담았다. 부디 이 책이 교육에 대한 고정관념을 깨고 아이도 부모도 행복한 공부를 하는 데 도움이 되기를 바라본다.

2023년 6월
「SBS 스페셜」 제작팀

◈ **차례**

프롤로그 소소하지만 강력했던 교육 실험 ··· 004

1부 학원 끊기 프로젝트: 공부 주도권을 아이에게

01 대치동 학원가에서 만난 아이들 ··· 015

02 학원에 보내는 엄마의 마음 ··· 024

03 매니저가 된 엄마 vs 문제집이 적이라는 아이 [민준이네] ··· 032

04 공부를 하는데 성적이 안 나와요 [승현이네] ··· 040

05 학원을 둘러싼 엄마 아빠의 동상이몽 [한주네] ··· 048

06 공부 주도권을 아이에게 넘겨라 ··· 056

07 학원을 끊어야 할 아이들의 신호 ··· 062

08 집중력이 부족한 아이를 위한 처방: 집중력 체크 학습법 ··· 068

09 점수가 잘 안 나오는 아이를 위한 처방: 거꾸로 암기법 ··· 075

10 무기력한 아이를 위한 처방: 자기 역량 체크 학습법 ··· 083

11 학원 끊기 프로젝트 한 달 후 [민준이네] ··· 089

12 학원 끊기 프로젝트 한 달 후 [승현이네] ··· 099

13 학원 끊기 프로젝트 한 달 후 [한주네] ··· 107

2부 공부방 없애기 프로젝트: 공부도 소통도 거실에서

01 거실 공부의 마법 ··· 123

02 삼 남매의 공부 공간 만들기 [준혁이네] ··· 129

03 맞벌이 부부의 거실 이용법 [지아네] ··· 140

04 방으로 들어간 사춘기 자녀 [지우네] ··· 148

05 아이 넷을 도쿄대학교에 보낸 비결, 거실 공부 ··· 154

06 거실 공부 전도사 ··· 161

07 고등학생도 거실 공부가 가능할까? ··· 170

08 다자녀를 위한 처방: 공부방이 된 거실 ··· 180

09 워킹맘을 위한 처방: 일과 육아를 동시에 ··· 188

10 사춘기 자녀를 위한 처방: 공부는 혼자 외롭지 않게 ··· 196

11 공부방 없애기 프로젝트 한 달 후 [준혁이네] ··· 203

12 공부방 없애기 프로젝트 한 달 후 [지아네] ··· 210

13 공부방 없애기 프로젝트 한 달 후 [지우네] ··· 217

부록 방송에서 못다 한 이야기

인터뷰 **1**_ 이병훈 (교육 컨설턴트) ··· 228

인터뷰 **2**_ 사토 료코 (거실 공부 전문가) ··· 235

인터뷰 **3**_ 김석 (『아빠의 교육법』 저자) ··· 246

인터뷰 **4**_ 정성희 (숭실대 베어드교양대학 교수) ··· 255

체인지

1부 · 학원 끊기 프로젝트

공부 주도권을 아이에게

◉── 학원 끊기 프로젝트를 시작하며

학부모들에게 학원은 선택이 아닌 필수가 된 시대. 남들이 하니까, 아이가 뒤처질까 하는 불안함에 부모들은 오늘도 자녀를 학원에 보낸다. 부모들은 내 아이의 성적을 올려 줄 최상의 학원을 찾기 위해 온갖 정보력을 동원하고, 어느새 학원은 아이들 공부의 중심이 되었다. 그러나 입소문 난 학원을 열심히 찾아 보내도 어찌 된 일인지 고민은 더 늘어가기만 한다.

아이는 툭하면 지각에 숙제는 빼먹기 일쑤고, 성적은 좀처럼 오르지 않는다. 학원 전기세만 내주고 있는 건 아닐까 걱정스럽지만 그렇다고 학원을 끊자니 혹시라도 우리 아이만 뒤처질까 쉽사리 용기를 내지 못한다. 계속 보내자니 지치고, 관두자니 불안한 학원 딜레마에 대한민국 학부모들은 오늘도 고민이 깊어져만 간다.

교육 컨설턴트들이 이 문제의 해답으로 자기주도학습의 중요성을 강조했다. 공부의 주인이 학원도, 부모도 아닌 아이 자신이 되어야 한다는 것이다.

반복되는 학원 딜레마의 굴레. 부모와 아이들의 갈등은 한계까지 다다른 상황. 더는 물러날 곳은 없다! 지친 부모들이 용

감한 선언을 했다. 바로 자녀의 학원을 끊고 자기주도학습에
도전해 보겠다는 것! 내 아이를 위한 특별한 자녀 교육 실험,
'학원 끊기 프로젝트'가 시작된다.

01

대치동 학원가에서 만난 아이들

여름방학, 제작진은 대한민국 학원의 메카라는 대치동을 찾았다. 동서남북 상하좌우 어디를 둘러봐도 학원 간판이었다. 거리는 학생들로 가득 차 있었다. 뛰어서 학원 건물로 들어가는 아이, 학원 건물에서 나와 횡단보도를 건너 반대편 학원으로 들어가는 아이, 음료를 마시며 걷는 아이, 도로에 정차한 차에서 내려 바쁘게 건물로 들어가는 아이, 길에서 단어장을 보며 서 있는 아이, 핸드폰을 보며 걷는 아이 등 모두 바쁘게 움직였다. 학원 앞 도로도 아이들을 내려주고 태우는 학부모들의 차량으로 복잡했다.

마침 장난치며 걸어가는 남학생 세 명이 눈에 들어와 말을 걸었다.

"어디 가는 거예요?"

"학원 수업 끝나고 밥 먹으러 가는 중이에요."

학교는 다르지만 같은 학원에 다닌다는 고등학교 2학년 학생들이었다. 그중 호영(가명)이는 대치동에 있는 학원에 다닌 지 4년째라고 했다.

"중학교 2학년 때부터 대치동 수학 학원에 다녔어요."

"왜 대치동으로 다니게 되었어요? 혹시 이 근처 살아요?"

"학원들이 밀집되어 있으니까 학원 다니기 편하잖아요. 예전에는 다른 동네에 살았는데 지금은 이 근처로 이사 왔어요."

호영이는 다른 이유도 있기는 했지만 학원에 더 편하게 다니기 위해 대치동으로 이사를 왔다고 했다. 그런 호영이에게 혹시 학원에 안 다니면 어떨 것 같냐고 물어보았다.

"저는 어릴 때부터 학원에 다녔는데 학교에서 배우는 걸 학원에서 다시 공부할 수 있어서 도움이 많이 되었어요. 뭐 혼자도 공부할수는 있을 것 같지만 그래도 학원에 다니는 게 더 도움이 될 거 같은데요. 그리고 학원에 다니다 보면 옆에서 열심히 공부하는 친구들이 많으니까 자극되는 부분도 있어요."

수학 학원을 마치고 나왔다는 호영이와 친구들은 점심을 먹고 다른 수학 학원에 가야 한다고 바쁘게 자리를 떠났다.

학원 관두는 게 두렵다는 아이들

다음에는 패스트푸드점에서 점심을 먹고 나오는 고등학교 1학년 서진(가명)이와 현서(가명)에게 인터뷰를 요청했다. 서진이는 국어와 영어, 수학은 대치동에 있는 학원에 다니고 과학은 인터넷 강의를 듣는다고 했고, 현서는 방학 동안에는 수학 학원만 다닌다고 했다.

"지금은 방학이라 수학만 다니는데 학교 다닐 때는 국·영·수랑 통합사회, 통합과학 다섯 군데를 다녔어요."

다섯 군데면 많이 다니는 게 아니냐고 묻는 제작진에게 현서는 "대부분 이 정도는 다녀서 평균이라 생각하는데요."라고 의아해했다.

"학원이 다니기 싫은 적은 없어요?"
"매일 가기 싫죠."

서진이는 제작진의 질문에 웃음을 터뜨렸다.

"매일매일 학교, 학원, 집이 반복되니 지겹기도 하고, 놀러 가고 싶어요."

"그럼 학원 다니기 싫다고 부모님에게 말한 적은 없어요?"

"중학교 때는 몇 번 얘기했었는데 그래도 다녀야 한다고 하셨어요. 고등학생이 돼서는 학원에 안 다니면 나만 성적이 떨어질 것 같아 조바심이 나서 관두겠다는 말을 안 하게 된 거 같아요. 공부하기 싫어도 학원에 가면 강제로라도 공부하게 되니까요."

학원 다니기는 싫지만 학원에 다니기 때문에 성적이 유지되니 관둘 수가 없다는 서진이. 그래도 방학 때는 수학 학원만 다닌다는 현서는 어떨까?

"매일 아침 9시에 와서 오후 5시까지 학원에 있으려니 탈출하고 싶어요."

"수학 학원만 다니는데 그렇게 오래 해요?"

"수학 학원을 두 군데 다니는데 방학이라 다 수업이 길어요. 수업 끝나고 집에 가서도 할 과제들도 많고 다른 과목 공부도 있어서 늦게 자는데 다음 날 일찍 일어나야 하니 힘들어요."

조심스럽게 아이들에게 혹시 한 달에 학원비를 얼마나 쓰는지 알고 있느냐고 물었다.

"평소 다섯 군데 다닐 때는 250만 원 정도였는데, 수학은 방학 특강이라 300만 원 정도 들어요."

"저도 인터넷 강의 포함해서 250만 원 정도 되는 거 같아요."

현서와 서진이는 자신들 정도는 주변 친구들과 비교하면 많은 편이 아니라고 했다. 푹 자는 게 소원이라는 현서도 친구들과 놀러 가고 싶다는 서진이도 힘들어도 학원을 관두는 건 성적이 떨어질까 봐 무서워서 못하겠다며 총총걸음으로 다시 학원 건물로 들어갔다.

학생 4명 중 3명이 학원에 다니는 나라

2022년 3월 교육부에서 발표한 자료에 의하면 75.5%의 학생이 사교육을 받고 있고, 사교육을 받는 시간도 한 주에 6.7시간인 것으로 나타났다. 4명 중 3명이 학원에 다니고 있다.

그만큼 가정의 사교육비 부담도 크다. 2021년 사교육비 총액은 약 23조 4000억 원이었다. 2019년 코로나19의 영향으로 사교육비가 잠시 줄었으나 학습 결손에 대한 우려를 사교육으로 메우려는 움직임이 커졌고, 2020년 대비 2021년 사교육비는 4조 1000억 원(21%) 증가했고, 사교육을 받는 비율도 8.4% 증가한 75.5%였다.

학생들이 사교육을 받는 시간도 1.5시간 증가한 6.7시간이었다.

　사교육을 전혀 받지 않는 학생을 포함해 전체 1인당 월평균 사교육비는 36만 7000원, 사교육 참여 학생의 1인당 월평균 사교육비는 48만 5000원으로 전년보다 각각 21.5%, 8.0% 늘었다. 학년별로는 참여 학생 기준 초6(44만 5000원), 중3(57만 2000원), 고1(65만 5000원) 사교육비 지출이 가장 많았다. 코로나19 유행의 영향으로 유료 인터넷 강좌나 통신 강좌 등 온라인 사교육비 증가율도 높았다.

　특히 초등학생의 경우에 사교육 참여율과 사교육비가 코로나19 유행 첫해 매우 감소했다가 다시 대폭 상승한 것으로 나타났다.

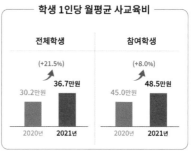

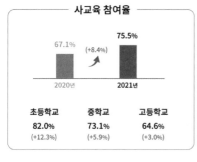

＊＊＊ 우리나라 초·중·고 학생들의 사교육 현황(2022년 3월 교육부 발표)

초등학교 1학년 때부터 학원에

날이 어두워지고 대치동 거리는 학원 간판의 불빛과 도로에 정차한 학부모들의 자동차 불빛으로 반짝였다. 밤 9시가 넘어서자 수업을 끝낸 학생들이 건물에서 쏟아져 나오기 시작했다. 그중 아직 앳된 티가 나는 학생 두 명에게 말을 걸었다. 대치동에서 만난 중학교 1학년 우연(가명)이와 원진(가명)이는 초등학교 1학년 때부터 학원에 다닌 것 같다고 했다.

"그냥 항상 학원에 다니고 있었어요."

개포동에 사는 원진이는 엄마가 차로 데려다주고, 일원동에 사는 우연이는 버스로 학원에 다닌다고 했다. 방학이라 학원을 두 군데 늘려 여섯 군데 다닌다는 원진이는 집에 가면 밤 10시라고 했다. 우연이 역시 평소 네 군데 학원에 다니다 방학 때는 다섯 군데를 다닌다고 했다.

"힘들지 않아요?"
"힘들기는 한데 막 죽겠다는 정도는 아니에요."
"학원에 다니지 않으면 어떨 것 같아요?"

"나태해질 것 같아요. 다른 친구들은 다 학원에 다니는데 왠지 뒤처질 것 같고요."

아이들은 아직 중학교 1학년 자유 학기제로 학교 시험은 없지만 학원에서 테스트를 볼 때마다 성적이 잘 안 나오면 위축되는 느낌을 받는다고 했다. 우연이는 집에 가는 버스가 왔다고 급하게 인사하며 떠났고, 원진이 역시 마중 온 엄마를 발견하고 꾸벅 인사를 하고 엄마에게 달려갔다.

학원이 선택이 아닌 필수가 된 시대. 대치동에서 만난 학생들은 학원에 지쳐 있지만 학원을 떠나기 불안해했다. 아이도 부모도 학원을 그만두는 데 '용기'가 필요해졌다.

02

학원에 보내는
엄마의 마음

중학교 2학년, 초등학교 6학년과 3학년 세 아이를 키우는 주희 (가명) 씨는 요즘 아이들 학원 문제로 고민이 많다. 언젠가부터 첫째 는 학원 수업에 늦는다고 연락이 오더니 급기야 학원에 결석하는 일이 잦아졌고, 둘째는 학원의 판서식 단체 수업에 적응하지 못하 는 듯했다. 이제 3학년이 된 셋째도 학원을 어찌할지 스트레스다.

"첫째가 5학년 때부터 학원에 다닌 거 같아요. 그때는 동네 조그 마한 학원에 다녔고 본격적으로 대치동으로 학원에 다닌 지는 3년 쯤 되었네요."

주희 씨는 대치동 학원을 이용할 수 있는 인근 동네로 이사했다가 아예 대치동으로 옮겼다. 아이들이 학교에 다니는 동안 학원을 이용하기 편한 대치동에 살다가 학교를 졸업하면 이사를 나가려고 좁고 낡은 집이지만 참고 살고 있다고 한다. 아이들 학원 문제와 함께 주거 문제도 주희 씨의 고민거리였다.

학교보다 학원이 메인

엄마에게 학원은 어떤 곳일까? 우리는 아이를 학원에 보내는 학부모들의 생각이 궁금했다.

"학원은 필요할 때 이용하는 곳이라 생각했어요. 우리 아이가 부족한 부분을 채워 줄 수 있는 곳이요. 그런데 어느 순간부터 학원이 메인이 되어 학원에서 하는 게 진짜 공부라는 생각하고 살았던 거 같아요. 학교는 결석해도 학원은 빠지지 않았거든요."

첫째 준열(가명)이가 학원에 다니기 시작한 건 초등학교 5학년 때부터였다. 처음에는 하나였던 사교육이 하나둘 늘더니 중학생이 되니 어느새 여섯 개로 늘었다.

"처음에는 수학 하나를 하다가 거기에 영어가 추가되고, 그 학원에서 잘하게 하려고 과외 선생님을 붙이고, 거기에 개별 지도를 붙이고…. 이게 중독처럼 자꾸 빠져드는 거예요. 지금은 국어 둘, 수학도 학원이랑 과외 해서 둘, 영어 하나, 학업 스케줄을 관리해 주는 튜터 선생님까지 총 여섯 개네요."

동네 작은 학원에 다니던 준열이가 레벨 테스트를 통과하기도 어렵다는 유명 학원에 붙었을 때 엄마도 아이도 뛸 듯이 기뻤다. 하지만 3개월쯤부터 준열이는 울면서 학원에 다녔단다.

"학원 다닌 지 3개월쯤 되었을까, 아이가 학원에서 돌아오면 우는 거예요. 수업 중에 과제를 못 마치면 남아서 풀게 하고, 집에 11

시에 오니 아이가 점점 지쳤던 거죠. 그런데 그때는 그랬어요. 그래도 이겨 냈으면 좋겠다. 다른 애들은 다 하는데 우리 애라고 못할까? 결국 조금 덜 힘든 곳으로 바꾸긴 했지만, 그 후에도 계속 고민하게 돼요. 끊을까? 다른 곳으로 옮길까?"

힘들어하는 아이를 보면서 학원을 끊을까 고민하지 않은 건 아니다. 하지만 막상 끊으려고 하면 두려움이 앞섰다.

"이런 얘기를 친한 엄마들에게 한 적이 있어요. 그랬더니 엄마들이 '미쳤어? 어떻게 하려고 그래?'라며 기함하더라고요. 사실 학원을 끊으면 그다음에 어떻게 할지가 더 두려워요. 학원을 관두면 아이가 혼자 잘할 수 있을까? 그래도 학원에 가면 그 시간에 뭐라도 하나 배우지 않을까?"

초등 저학년 때까지 엄마표로 공부했지만 학년이 올라가고 학습이 중요해지니 전문가처럼 엄마가 해 줄 자신이 없어 학원에 보내게 되었다는 주희 씨. 아이가 힘들어하는 게 보였지만 견뎌 냈으면 하는 바람과 사교육의 힘을 빌리지 않으면 뭘 해야 할지 막막함에 이러지도 저러지도 못했다. 그 사이 아이와의 관계는 점점 악화하였다.

"엄마 욕심에 아이가 학원에 다니면서 열심히 하고 잘했으면 좋겠는데, 아이가 학원 수업을 따라가기 힘들어하는 모습, 학원에 불성실한 모습을 보니 자꾸 딸이 미워지더라고요. 학교 끝나고 학원에 가고, 학교 과제에 학원 과제까지 할 게 많은 것도 알지만 돈을 쓰니까 그만큼 아웃풋이 좋기를 바라게 되잖아요."

세 아이의 사교육비가 한 달에 천만 원 가까이 드는 것도 부담이었다. 생활비 대부분을 아이들의 사교육비로 지출하니 다른 소비는 꿈도 꾸지 못했다. 그러니 본전 생각이 안 날 수가 없었다. 부모는 '이렇게까지 해 주는데 왜 열심히 안 하지' 하는 생각에 아이에게 화를 내고 싸우는 일이 반복되었다.

학원에 보내는 이유

2022년 5월 8일에 한국교육개발원에서 '교육에 대한 국민 인식과 미래 교육정책의 방향' 보고서를 발표하였다. 한국교육개발원은 교육정책에 대한 진단 및 개선을 위해 만 19세~75세 성인남녀 4000명을 대상으로 매년 교육 여론조사를 해 왔다.

이번 '한국교육개발원 교육 여론조사'에 따르면 자녀 사교육을 위해 지출하는 비용이 '부담된다'고 응답한 비율이 2001년 81.5%

에서 2020년 94.3%로 늘어났다. 2001년 '부담되지 않는다'는 응답이 7.9%에서 2020년 3.9%로, '사교육을 하지 않는다'는 응답은 10.5%에서 1.9%로 급감했다. 보고서는 '유·초·중·고 학생을 둔 가계는 대부분 사교육에 참여하고 있으며, 이때 지출하는 사교육비는 경제적으로 부담되는 수준'이라고 분석했다.

　그렇다면 학부모들이 자녀에게 사교육을 시키는 가장 큰 이유는 무엇일까? 20년간 '남들이 하니까 심리적으로 불안하기 때문에'라는 이유가 첫 번째로 꼽혔다. 2001년 조사에서는 30.5%가, 2021년 조사에서는 24.3%의 학부모들이 이렇게 대답했다. 조금 달라진 것은 2021년 조사 선택지에는 2001년 조사에 없던 '남들보다 앞서 나가게 하기 위해서'라는 이유가 추가되었다. 그리고 이를 꼽은 학부모도 23.4%에 달했다. 즉 절반에 가까운 학부모가 타인을 의식한 불안과 경쟁 심리 등으로 사교육을 시킨 셈이다.

사교육을 시키는 이유 (KEDI POLL 2001, 2021)

(단위:%)

구분	사교육을 하지 않으면 학교 수업을 잘 따라가지 못해서	학교에서 가르치는 것보다 더 높은 수준의 공부를 하도록 하기 위해서	특기·적성을 개발하기 위해서	남들이 하니까 심리적으로 불안하기 때문에	방과 후 집에서 공부를 돌봐 줄 사람이 없어서	자녀가 혼자서는 공부를 하지 않아서	남들보다 앞서 나가게 하기 위해서	기타
2021	14.8	19.2	6.5	24.3	6.6	5.0	23.4	0.2
2001	24.9	26.3	15.6	30.5	4.5	4.9	–	0.7

학원에 중독된 사회

주희 씨는 아이들의 학원이 점점 늘어난 것을 '중독 같았다'고 표현했다.

"국어만 좀 더 잘하면 좋겠다 해서 국어 학원에 보내고, 수학은 잘하니까 좀 더 붙여 주면 더 잘하겠구나 싶어 또 하나를 붙이고. 중독처럼 그랬어요. 조금 더 돈을 쓰면, 하나만 더 돈을 쓰면, 과외를 하나만 더 붙이면 애가 더 잘하겠지. 다른 아이들과 경쟁해야 하는데 이것까지만 하면 다른 애들을 이길 수 있지 않을까. 이런 생각에 빠져 있었어요."

요즘 주희 씨는 아이들의 학원을 하나둘 줄이려고 한다. 자꾸 학원에 지각하고, 늦으면 아예 학원에 결석하는 게 아이가 불성실해서라 생각했는데 아이가 감당할 수 있는 수준을 넘어서서 힘들었던 게 아닌가 하는 생각이 들어서다. 부부의 노후를 생각하니 이렇게 계속 밑 빠진 독에 물을 붓듯 사교육비를 쏟아야 하나 싶기도 하다. 그러나 여전히 학원을 관둔다는 건 불안하다.

"아이의 인생을 생각했을 때 나중에 후회하는 결정이 될까 봐 걱정돼요. 혹시 이대로 아이가 공부를 놓아 버리면 어쩌나 걱정이고요."

자기 힘이 없으면 결국은 꾸준히 할 수 없다는 걸 알고는 있지만 사교육의 끈을 놓지 못하는 게 부모의 마음이었다. 주희 씨만이 아니라 촬영을 위해 인터뷰를 한 대부분 엄마가 이런 불안함이 있었다.

03

매니저가 된 엄마 vs 문제집이 적이라는 아이
[민준이네]

아침 7시 30분, 승희 씨가 민준이를 깨운다. 초등학교 5학년 민준이는 엄마의 깨우는 소리에 졸린 눈을 비비며 겨우 침대에서 일어난다. 비틀비틀 거실로 나오는 민준이의 손에는 태블릿이 들려 있다. 거실 식탁에는 먼저 일어난 2학년인 동생 민서가 앉아서 태블릿으로 공부하고 있다. 민준이도 민서 앞에 앉아 태블릿을 켠다. 그 옆에서 엄마는 바쁘게 아침 식사 준비를 한다.

방학인데도 눈을 뜨자마자 학습 패드로 공부를 시작하는 민준이 남매. 공부 습관이 잘 잡힌 남매인가 싶었는데, 민준이가 공부하는 모습을 힐끗 보던 엄마의 목소리가 높아진다.

"아니, 문해력 하라고 그랬잖아!"

"한국사 들을 거야."

"자기주도가 돼야 뭐가 필요한지 알지. 8시 20분까지 하고 학습지 풀어."

"또?"

"일찍 끝내면 뭐라 그랬어? 자유시간이 생긴다 그랬잖아."

진득하게 앉아서 공부하는 둘째와 달리 민준이는 틈만 나면 좋아하는 총을 꺼내서 가지고 논다. 민준이가 제일 좋아하는 건 무기류. 어릴 때부터 무기에 관심이 많았던 민준이는 육군사관학교에 가서 군인이 되는 게 꿈이다.

"민준아, 너 학습지 안 풀어?"

엄마의 말에 총을 내려놓고 테이블을 끌고 와 앉는 민준이. 아침 학습 패드의 산은 넘겼는데 마의 학습지 산을 넘기는 게 쉽지 않다. 학습지를 꺼내 풀고 있는 것 같았는데 이내 테이블에 엎드린다. 이리저리 몸을 뒤틀던 민준이는 철퍼덕 뒤로 누워 버린다. 집중력 유지 시간은 겨우 1분?

엄마의 궁여지책, 시간표

이런 민준이를 보며 승희 씨는 한숨만 나온다. 고작 학습지 1장 푸는 건데 민준이는 학습지를 하염없이 붙들고 있다.

"저학년 때는 그래도 엄마가 시키니까 하다가 학년이 올라갈수록 해야 할 양도 많아지는데 점점 안 따라 주는 거예요. 문제집을 풀라고 하면 다 찍고, 그러면 엄마가 채점할 수 없으니 네가 채점하라고 하면 채점도 엉망으로 하고요."

어느덧 초등학교 고학년. 국·영·수 학원도 다녀야 하고 그간 해온 예체능 학원도 아직 놓질 못했다. 두 아이 학원비만 한 달에 200만 원이 든다는 승희 씨는 최고의 교육을 시키지는 못해도 부모가 할 수 있는 최선의 교육을 시키고 싶었다. 민준이는 공부를 잘하고 싶어 하고 해야 하는 것도 알아서 열심히 하겠다고 하는데 숙제가 안 돼 있거나 빼먹거나 학원에 가기 싫어한다. 이대로 놔두면 마냥 놀아 버리려는 아이를 위해 엄마가 짜낸 묘안은 시간표였다.

민준이의 방학 중 시간표에는 수학 학원과 수영, 피아노, 미술 등의 예체능 학원, 컴퓨터 학원과 방문 수업으로 채워져 있다. 학기 중 시간표도 비슷하다. 학교 수업이 끝난 후에 수학과 예체능 학원에 다녀오고 저녁 식사를 한 다음에는 화상 영어 수업이 있다.

구분	월	화	수	목	금
교시	6교시(14:20)	6교시(14:20)	5교시(13:30)	6교시(14:20)	6교시(14:20)
14시	하교	하교	하교 / 미술	하교	하교
15시		수학		수학	
16시		수학		수학	
17시		컴퓨터	피아노	컴퓨터	
18시	수영	피아노	수영	피아노	수영
19시	저녁식사	저녁식사	저녁식사	저녁식사	저녁식사
20시		방문 수업			
21시		방문 수업			
22시	화상영어		화상영어		화상영어

5학년 2학기 때는 잘!! 해보자!!!

교과목	세부 항목	월	화	수	목	금	비고
	학교숙제						
	방문수업(국어, 수학, 사회)						
국어set	☆ 국어문제집						
	☆ 성어, 속담 쓰기(작문)						
	☆ 독서기록(1일 set)						
수학set	☆ 수학 숙제						
	☆ 수학공부방						
영어set	☆ 영어 동화 감상(1편 2일)						
	☆ 강의 듣고 요약+교재						
	☆ 영어 독해 공부						

"보기 쉽게 시간별로 정리해 놓았어요. 시간표를 보면 빈 곳이 많 잖아요. 이 빈 시간에 어떤 일을 해야 하고 무슨 숙제가 있는지를 따로 정리해서 민준이가 체크할 수 있도록 했어요."

승희 씨가 꺼내서 보여 준 체크리스트에는 매일 해야 할 10개의 과제가 정리되어 있다.

"열 개라고 하니 개수가 많아 보이지만 국어 문제집은 하루 한 장 이에요. 뭐 5분이면 끝나요. 개념 수학 배우는 것도 숙제가 하루에 한 페이지예요. 수학 학원은 화요일, 목요일 가는데 하루에 두 장씩 푸는 문제집이 세 권 정도니까 한 여섯 장. 종류는 많지만 양적으로 는 많지 않아요."

민준이의 집중력은 1분?

엄마가 짜 준 계획에 맞춰 학원 숙제를 하는 민준이의 모습을 옆 에서 지켜봤다. 책상에 앉아 문제집을 꺼낸 민준이는 몇 문제 푸는 가 싶더니 서랍에서 컴퍼스를 꺼내 도형을 그린다. 그러다 컴퍼스 를 옆으로 던지고 연필을 깎기 시작한다. 깎은 연필로 몇 문제 풀 다가 다시 컴퍼스를 쥔다. 이번에는 컴퍼스로 노트를 찍으며 구멍을 내다 컴퍼스를 던지고 연필을 쥐고 옆으로 누워 문제를 푼다. 몇 분 문제를 풀던 민준이가 벌떡 일어나 밖으로 나가 물을 마시고 들어와 이번에는 침대 위의 총을 들고 논다. 한참 놀다가 의자에 앉은 민준이의 몸이 점점 아래로 내려간다. 오늘 풀어야 할 분량을 겨우 마친 민준이는 의자 뒤로 냅다 문제집을 던진다.

"평일에는 숙제에 묶여 있어요. 수학 학원 숙제가 대다수고, 그다음에 엄마가 하라고 한 것들을 해요. 책상에 앉기는 하는데 5분 뒤에 보면 저기서 놀고 있어요."

민준이에게 공부는 해치우고 없애야 하는 대상이다. 해도 해도 학원 숙제라는 강력한 적군의 수는 좀처럼 줄어들지 않는다.

"문제집을 찢어 버리고 싶어요. 양도 많고 풀 것도 많고. 이건 적 중에서도 수장급이에요."

저녁 9시 20분, 오늘의 마지막 과제는 방문 학습지 선생님과의 공부다. 아침 7시 30분부터 시작된 힘겨운 사교육 공부의 여정이 이제 곧 끝나 가나 싶었는데, 엄마의 단어장 불심검문에 걸렸다.

"김민준! 이리 와 봐. 너 양심적으로 채점해. 이러니까 네가 채점

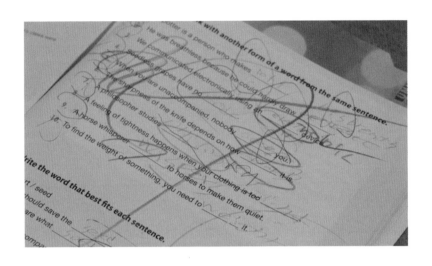

하면 못 믿겠다는 거야."

엄마는 애써 화를 억누르는데 민준이는 총을 들었다 놨다 딴짓을
한다. 껄렁대는 민준이의 태도에 엄마는 결국 폭발하고 말았다.

"아니, 이런 식으로 할 거면 하지 말라 그랬잖아. 너 계속 그렇게
공부할 거야?"

승희 씨는 엄마가 언제까지 '너 이거 해, 넌 이게 약하니까 이걸
보충해' 하고 관리를 해야 할지 막막하다. 육아 때문에 직장에 관뒀
던 승희 씨는 아이들이 어느 정도 커서 재취업을 준비 중인데, 엄마
가 집에 없어도 아이들이 주도적으로 공부를 할지 걱정이다.

"공부가 마라톤이잖아요. 그런데 엄마도 마찬가지예요. 애만 지치는 거 아니거든요. 전 지금 지쳐 가고 있어요."

사실 민준이도 스스로 공부해야 한다는 것은 알고 있다. 빨리 끝내 놓고 좋아하는 게임도 하고 싶고 총을 가지고 놀고도 싶다. 오래 끌 것도 아닌데 어쩌다 보면 밤이 돼 있다.

"제가 하루에 공부하는 시간을 계산하면 6시간 정도인데 중간에 잡다한 걸 많이 해요. 화장실 가고 넋 놓고 딴짓하고 그러면 두 시간은 그냥 지나가요. 공부한 시간이 10분이라면 널브러져 있는 시간은 두세 배? 공부량이 많은 건 아닌데 제가 못하는 거 같아요. 항상 보면 서너 개씩 못 끝내요. 10분만 쉬게 그래 놓고 30분 쉬고, 이제 해야지 하고 문제집 10분 풀면 20분 쉬고 그러다 보면 시간이 그냥 막 가요. 20분 안에 끝낼 수 있는 거를 200분이 걸려요. 그때 시계 보고 시계가 잘못됐나 했어요."

지금은 엄마가 필요한 걸 챙겨 주지만 앞으로는 민준이가 자신에게 뭐가 필요한지 알고 혼자 해 보려고 했으면 하는 승희 씨와 잘하고 싶은 마음은 있는데 책상에 앉으면 자꾸 딴짓하게 되는 민준이. 엄마는 매니저 역할을 그만둘 수 있을까, 아이는 스스로 계획을 세워 자기 주도적으로 공부를 할 수 있을까?

04

공부를 하는데
성적이 안 나와요
[승현이네]

　승현(가명)이가 중학교 2학년이 되어 처음 치른 학교 시험 성적
으로 승현이네는 한바탕 태풍이 지나갔다. 초등학교 때부터 중학교
1학년까지는 시험이 없었고, 2학년 1학기 중간고사는 수행평가로
대신했고, 1학기 기말고사가 첫 시험이었다.

　학원에 다니면서 단원 평가며 모의고사를 봤을 때 성적이 괜찮아
기대했는데 의외의 결과가 나왔다. 평균 50점. 제일 자신 있던 수
학마저 76점이었다. 영어는 시험 볼 때 몸이 아팠고, 과학은 자신
없는 과목이었다. 하지만 엄마에게도, 아이에게도 충격적인 성적이
었다.

"초등학교 때부터 쭉 학원에 다녔어요. 공부방처럼 작은 학원도 다녀 보고 과외도 해 보고 대형 학원도 다녀 보고요. 학원에서 시험 대비 모의고사를 봤을 때 계속 100점이었어요. 그래서 학원 선생님도 이 정도면 학교 시험에서 90점 이상은 나올 거라 하셨고, 아이도 자신 있어 했고요. 그런데 76점이라니. 문제를 잘못 읽은 것도 있고 실수한 것도 있다고 하지만 아이도 놀라고 저도 놀랐어요. 영어는 전날 아파서 수액을 맞고 겨우 일어나 시험 보러 간 거라 집중을 못한 것도 있지만 학원에서 준비했던 점수와 전혀 다른 점수들이라 당황했죠."

막연히 중상 정도 실력은 되겠거니 믿어 왔는데 맞닥뜨린 실전의 결과는 뼈아팠다.

학원에 다니는 이유, 불안함

그렇다고 승현이가 학교나 학원 생활이 불성실한 아이도 아니었다. 월수금은 영어 학원, 화목토는 수학 학원에 다니는 승현이는 학교에서 돌아오면 간식을 먹고 5시에 학원에 갔다가 8시에 집에 와서 저녁을 먹은 후 11시 정도까지 학원과 학교 과제를 마무리하고 12시면 잠자리에 들었다.

"학원 숙제 미제출은 거의 없어요. 학원에 안 가고 딴 데로 새지도 않고 학원 수업 시간도 잘 지켜요. 컴퓨터 게임을 좋아하는 것도 아니고, 핸드폰도 일과 끝내고 잠깐 하거나 주말에 한두 시간 하는 게 다예요. 일요일에 아이들과 축구하는 걸 좋아하고 친구도 많고 밝은 성격이에요."

공부 안 하고 놀기라도 했다면 결과가 이해라도 가지만 아이가 열심히 하는 모습을 봐 왔던 희선(가명) 씨는 도대체 왜 이렇게 성적이 안 나오는지 속상하다. 시간은 계속 가고 있고 아이는 그 시간 동안 열심히 한다고 했는데 학원에 다닌 게 시간을 허비한 건가 하는 생각에 미안하기도 하다. 하지만 가장 속상했던 건 승현이 자신이었다.

"너무 짜증 나고 스스로 좀 미웠어요. 내가 이렇게까지 못했나? 이런 생각도 들고요. 준비하는 대로 하면 되는데 너무 성적이 안 나와서 원망도 되고 후회도 되고요. 시험 보면서 과학이나 역사는 어렵다 생각했는데 다른 과목들까지 이럴 줄은 몰랐어요."

승현이는 중학교 2학년에 올라와 과학이 어려워 엄마에게 부탁해 과학 특강도 들으며 공부했다.

"과학은 학원에서 했던 거랑 집에서 혼자 했던 거랑 공부했던 게 많이 안 나와서 시험 볼 때 당황했어요. 수학이랑 영어도 학원에서 공부한 거랑 비슷하지만 살짝살짝 섞어서 나와서 좀 어려웠고요."

승현이에게 공부는 어떤 의미일까?

"어떨 때는 지겹기도 하고, 좀 힘들어요. 이것만 버티자면서 주말을 기다려요. 저에게 학원은 버텨야 하는 것, 숙제는 해야 하는 것이에요."

절망적인 평균 점수. 학원에 그리 다녔는데도 결과가 이렇다면 학원이 답이 아닌 걸까? 승현이는 학원 다니는 걸 좋아한 적은 없지만 막상 끊을 용기도 나지 않는다.

"학원 안 가면 시험을 잘 못 볼 거 같고, 게으름뱅이가 될 거 같아요. 그래서 학원은 가야 하는 거 같아요."

빡빡한 학원 스케줄이 엄마도 안쓰럽지 않은 것이 아니다.

"한번은 그냥 학원을 쉴까? 이런 얘기를 제가 했었어요. 너무 힘들어하고 숙제 양이 많아서요. 그랬더니 학원을 쉬면 불안하대요. 자기가 쉬는 동안 아이들은 계속 달리고 있잖아요. 그 아이들이 진도가 나가는 사이에 자기는 틈이 생기니까 그게 좀 불안하다고 하더라고요."

승현이의 대답에 희선 씨는 마음이 아팠다. 불안함…. 학원에 가는 이유가 불안하기 때문이라는 건 승현이만의 얘기가 아니다. 2학기 시험은 잘 보고 싶은 승현이의 학원에서의 귀가 시간은 점점 늦어졌다. 영어 학원에서 매일 보는 단어 시험에서 통과를 못하면 남아서 외우고 재시험을 본 후 귀가할 수 있는데, 요즘 승현이는 거의 매일 재시험이다.

"단어 시험을 서른 개 보는데 여섯 개 이상 틀리면 남아야 해요. 학원 가기 전에 외우고 간식 먹으면서도 써 보고 학원 가는 버스 안에서도 보고 간다는데 미통과가 계속 나오니까 답답해요."

왜 성적이 안 나올까?

열심히 하는데도 왜 성적이 이리 안 나오는 걸까? 과학 시험 성적을 보고 놀란 희선 씨는 시험지를 가지고 틀린 문제를 다 하나씩 짚어 봤다고 한다. 학원에서 준비해 준 모의고사 프린트와 대조하면서 같은 문제는 없는지, 비슷한 유형 문제는 없는지, 애가 뭘 놓친 건지, 제대로 공부를 해서 시험을 본 게 맞는지 너무 궁금했다.

"대조를 해 보니 똑같은 기출문제인데 조금 바꾼 걸 틀린 게 한두 개가 아니더라고요. 시험공부를 할 때 어떤 문제가 중요한지 어떤 유형의 문제가 나오는지에 대해 분석은 안 하고 개념 정리만 하고 있었던 거예요."

엄마는 왜 틀렸는지 시험지를 보며 분석하는데, 정작 승현이는 태평하다. 수행평가도 마찬가지다.

"승현아, 과목별 수행평가 안내문 다 나왔다며? 엄마한테 보여 줘 봐."
"지금 하는 거 아니야. 다음 주랑 다다음 주야."
"미리 공부할 게 많잖아. 선생님이 평가 기준도 알려 주셨네. 그럼 거기에 맞춰서 미리 시험 준비를 해야지. 수행평가가 20점이면 비중도 높은데."
"비중이 높은 건가? 나중에 친구한테 물어볼게."

태평한 승현이에 비해 엄마는 속이 탄다.

"교재 가지고 와서 엄마가 체크해 주는 거 표시해 봐. 혈관의 구조와 특성을 공부해야겠네. 혈액순환의 경로는 동그라미 쳐 놔."
"내가 혼자 할 수 있어."

엄마는 교재를 보며 어떤 부분이 중요하고 어떤 부분이 나올지 같이 얘기하고 아이 생각도 들어 보고, 어떤 식으로 시험 준비를 하면 좋을지 상의도 하려고 한다. 이렇게 엄마랑 얘기하면서 알게 된 공부 방법을 나중에 본인이 스스로 적용해서 공부할 수 있지 않을까 하는 마음 때문이다. 하지만 세 아들을 키우는 희선 씨는 이제 막 네 살이 된 막내까지 돌보면서 승현이 공부까지 챙기기가 점점 힘에 부친다. 그래도 가만히 있을 수가 없다.

"혼자 할 수 있다고 했는데 결과가 본인이 생각하는 것보다 안 나왔을 때 좌절을 맛보게 되겠죠. 물론 아이가 성숙해지는 과정이긴 하지만 부모로서 조금 덜 아팠으면, 조금 덜 좌절했으면 하는 마음이에요."

희선 씨는 승현이가 공부에서 성취감을 느끼고 재미를 찾았으면 좋겠다고 한다. 승현이가 꿈이 생기고, 그 꿈을 향해 스스로 길을 찾아갔으면 하는 바람을 제작진에게 털어놓은 희선 씨. 열심히 해도 성적이 나오지 않던 승현이가 공부에 자신감을 찾고 스스로 공부할 수 있도록 도울 솔루션은 무엇일까?

05

학원을 둘러싼
엄마 아빠의 동상이몽
[한주네]

저녁 9시가 되어 집에 돌아온 중학교 1학년 한주는 저녁을 먹고 억지로 책상에 앉아 눈에 들어오지 않는 학원 숙제를 한다. 거실에 있던 지연 씨의 핸드폰에 문자 알림음이 울린다. 문자를 확인한 후 한주 방으로 가는 지연 씨의 표정이 심상치 않다.

"한주야, 너 오늘 학원에 숙제 안 해 갔어?"

한주가 숙제를 안 하고 왔다는 영어 학원 선생님의 문자였다.

"너 어제 피곤하다고 수학 학원 안 갔잖아. 그 시간에 집에서 영어 숙제한다더니 어떻게 된 거야?"

"하기는 했는데 몇 개는 못 했어."

"너 다 했다고 했잖아. 자꾸 이럴래? 너 지금 쓰는 학원비가 60만 원이야. 1년이면 720만 원이라고. 이렇게 엄마한테 거짓말하고 숙제도 안 할 거면 학원은 왜 다니니?"

학원 숙제 미제출

학원에서 숙제를 안 해 왔다는 연락이 올 때마다 지연 씨는 가슴이 털컥 내려앉는다. 수학 학원에 학원생 7명 중에 숙제를 안 해 오는 아이가 둘인데 그중 하나가 한주라는 얘기를 들었을 때의 충격이 생생하다.

"여러 명이 수업을 하는데 혼자 숙제를 안 해 가면 그다음 진도가 나가는데 혼자만 못 알아듣잖아요. 그리고 공부를 잘하고 못하고를 떠나서 학원 숙제를 해 가는 건 어떤 성실함이라 생각하거든요. 어쨌든 숙제는 선생님과 엄마, 자신과의 약속인데 그걸 안 지키는 아이한테 좀 실망하게 돼요."

며칠 전에 한주는 또 숙제를 안 하고 학원에 가서 학원 선생님께 연락을 받으면 페널티로 일주일 용돈 금지와 핸드폰 사용 금지를

약속하며 각서까지 썼다. 그런데도 또 숙제를 안 했다니 지연 씨는
더 속이 상한다.

제작진은 한주에게 슬쩍 숙제를 안 한 특별한 사정이 있었는지
물었다.

"숙제는 왜 안 했어요?"
"좀 귀찮아서요. 계속 미루게 되는 것 같아요."

혹시 학원 숙제가 너무 많았던 걸까?

"다른 친구들과 비교해서 많은 건 아니라고 생각해요. 영어랑 수학 학원 두 개만 다니는데 숙제는 한 시간 반 정도 분량? 그런데 항상 학원 끝나고 오면 오늘은 공부를 할 만큼 한 거 같아 숙제하기 싫어요."

엄마에게 혼나고 책상에 앉아 숙제하는 한주의 모습이 참으로 괴로워 보인다. 그렇다고 학원을 관두고 싶지도 않다.

"학원은 다녀야 한다고 생각은 해요. 다른 애들은 다 학원 다니는데 저만 안 다니면 뒤처지는 거 같아서요."

아빠: 인터넷 강의로도 충분하지 않아?

지연 씨는 퇴근하는 중인 남편에게 전화해서 하소연한다.

"오늘도 학원에서 숙제 안 해 왔다고 전화 왔어."
"문제가 틀려서 전화 오는 건 그럴 수 있는데 숙제를 안 해서 전화 오는 거면 계속 학원에 보내야 하는 거야? 분량을 정해서 혼자 해 보게 해야 하는 거 아냐?"
"그게 안 되니까 학원에 간다고 내가 몇 번을 얘기해!"

한주는 초등학교 2학년 때부터 영어 학원에 다니다 사춘기가 시작된 5학년 무렵에 학원을 쉬었다. 그리고 5, 6학년 동안 집에서 영어는 엄마표로 수학은 아빠표로 했지만 내용도 어려워지고 가르치다 자꾸 아이와 부딪쳐 6학년 겨울방학부터 다시 학원에 다니기 시작했다고 한다. 하지만 학원에 보내는 문제로 지연 씨는 남편과 계속 갈등 중이다.

"남편은 수학 학원 가는 걸 쓸데없는 짓이라 생각해요. 학원에서도 혼자 푸는 시간이 있는데 그러면 집에서 혼자 풀어 보고 모르는 건 인터넷 강의를 찾아보면 되지 왜 몇십만 원씩 내고 학원에 가냐는 거예요."

남편이라고 할 말이 없는 건 아니다.

"공부는 혼자 하는 시간이 필요하잖아요. 숙제나 이런 건 필수적인데 숙제조차 안 하는데 왜 학원에 가는지 모르겠어요. 안 가면 안 된다니 보내기는 하는데 일 년 내내 다닌다는 것도 이해가 안 가요. 처음에 잘 모르는 건 3개월 정도 다니면서 배우고 그다음부터는 혼자 공부해야 한다고 생각해요. 요즘은 인터넷 강의도 잘 되어 있잖아요."

남편은 학원은 다닐 수도 있지만 기본적으로 공부는 혼자 해야 한다고 생각한다. 학원은 보조적인 수단이고 학원 공부가 끝이 아니라 학원에 다녀와서 숙제를 하든지 복습을 해야 제대로 공부가 되는데, 숙제도 하지 않고 학원 다녀오면 공부 다 했다고 게임만 하느니 차라리 학원을 그만두고 혼자 공부하는 습관을 키워 줘야 하는 게 아니냐는 입장이다.

아이 학원 문제로 상의하면 공부는 혼자 하는 거라는 남편이 지연 씨는 답답하다. 학력고사 세대로 혼자 공부해서 좋은 성적을 얻었던 남편은 요즘 교육 상황을 너무 모르는 것 같다. 혼자 알아서 하면 뭐 하러 학원에 보내겠나. 많이 시키는 것도 아니고 딱 영어, 수학 학원만 다니는데 아이에게 과하게 사교육을 시키는 것처럼 말하는 것도 야속하다.

"학력고사처럼 딱 한 번 시험 보고 끝나는 게 아니잖아요. 요즘은 1학년, 2학년에 3학년 1학기까지 5학기 성적을 보잖아요. 지필 시험만 있는 것도 아니고 수행평가도 있고요. 고1 들어가기 전에 미리 해 두지 않으면 학교 가서 공부할 양을 따라가지 못한다고 선배 엄마들이 그래요. 아마 남편은 수행이 뭔지도 모를걸요."

엄마: 학원이라도 다녀야지!

지연 씨도 학원 외에 다른 방법을 안 써 본 건 아니다. 인터넷 강의도 시켜 보고, 같이 공부 계획표도 세워 봤다. EBS 강의도 찾아서 링크도 걸어 줬다. 하지만 아무리 엄마가 열심히 찾아 줘도 본인이 할 의지가 없으니 무용지물이었다.

"학원에 안 가면 그 시간에 웹툰이나 유튜브를 수야장천 보고 있는 걸 지켜보는 것도 괴로워요. 그래서 학원에 보내는 것도 있어요. 가서 뭘 엄청나게 배우지는 않아도 그래도 학원에 있으면 하나라도 배워 오지 않을까, 숙제라도 있으면 끄적거리기라도 하지 않을까 해서요."

지연 씨도 학원 때문에 아이와 실랑이하고 남편과 신경전을 하는 게 달갑지 않다. 언제까지 이래야 하나 싶어 그냥 손을 놓아 버릴까 하다가도, 지금은 사춘기라 아이가 공부에 재미를 붙이지 못하고 무기력하지만 나중에 정신을 차렸을 때 후회될까 봐 일단 붙들고 있다고 한다.

"선배 엄마들이 그러더라고요. 고1이 되면 제정신으로 돌아온다고. 아이가 정신을 차렸을 때 그때 너무 멀리 있으면 따라잡기 힘들잖아요. 정신 차렸을 때 따라잡을 수 있을 만큼 기본은 갖추게 해야지요. 무한 경쟁 시대에서 엄마라도 이렇게 보듬어 주지 않으면 아이도 힘들잖아요. 나중에 아이가 진정으로 하고 싶은 게 생겼을 때 공부가 걸림돌이 되지 않았으면 하는 거예요."

지연 씨가 한주에게 바라는 건 딱 하나라고 한다. "엄마, 이런 문제집 좀 사 주세요."라고 먼저 얘기해 주는 것. 한주네 집의 학원 전쟁은 끝낼 수 있을까?

06

공부 주도권을 아이에게 넘겨라

2021년 사교육비 23.4조, 학생 4명 중 3명은 학원에 다닌다. 많은 부모가 사교육비 부담으로 허리가 휘지만 그렇다고 학원에 안 보낼 수도 없다고 한숨을 쉰다. 아이에게도 학부모에게도 학원은 선택이 아닌 필수가 되었다. 남들이 하니까, 아이가 뒤처질까 하는 불안함에 부모들은 오늘도 자녀를 학원에 보낸다.

내 아이의 성적을 올려 줄 최상의 학원을 찾기 위해 온갖 정보력을 동원하고, 어느새 학원은 아이들 공부의 중심이 되었다. 그러나 입소문이 난 학원을 열심히 찾아서 보내도 어찌 된 일인지 고민은 더 늘어 간다. 아이는 툭하면 지각에 숙제를 빼먹기 일쑤고, 성적은 좀처럼 오르지 않는다. 한 달에 들어가는 사교육비는 생활비 대부분을 차지하는데 학원 전기세만 내주는 건 아닐까 걱정스럽다. 그럴 바에 학원을 확 관둘까 하다가도 혹시 우리 아이만 뒤처질까 쉽사리 용기를 내지 못한다.

아이들도 마찬가지다. 학원 숙제가 해치워야 할 적처럼 느껴지고 학원에 앉아 있는 시간이 힘들지만 관두라는 엄마 말에 선뜻 관두지도 못한다. 아이들 역시 학원을 관두면 어떻게 공부할지 불안하다.

학원 의존증

2014년에 15개 수학 학원 연합 연구소인 수학섬(Math Island) 수학연구소와 서울대 인지과학연구소 유재명 박사가 서울 강남·목동 지역 중·고생 562명을 대상으로 한 '수학 자기주도학습 진단 테스트'를 진행했다.

562명 중 무려 221명(39.3%)의 학생들이 '학원에 다니면 공부를 잘하고 있는 것 같은 기분이 드는가'라는 질문에 '그렇다'라고 답했다. '학교 수업만으로 좋은 대학에 갈 수 없을 것 같은가'라는 질문에 217명(38.6%)이 '그렇다', '학원에 다니지 않으면 성적이 떨어질 것 같은가'라는 질문에 216명(38.4%)이 '그렇다', 또 '성적이 오르지 않더라도 학원은 다녀야 한다고 생각하나'라는 질문엔 162명

(28.8%)이 '그렇다'라고 했다. 연구진은 상당수 학생이 그저 불안한 마음에 학원에 기대고 있다고 분석하면서 특히 이런 특징이 성적이 낮은 하위권으로 내려갈수록 더 뚜렷했다고 밝혔다. 수학연구소 대표는 이 조사 결과에는 더 심각한 문제가 있다고 지적했다.

"학생들이 성적이 하락하면 학원에 등록하게 되고 스스로 계획하고 공부할 기회가 차단되어 버립니다. 자기주도학습 능력이 떨어지니 성적이 오르지 않고 그러면 다시 학원을 바꾸거나 추가하거나

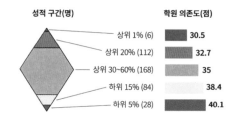

서울 강남, 목동 중·고생의 수학 학원 의존도
(2014년 4~6월, 562명 조사)

성적이 높을수록 의존도 낮고
※ 각 항목은 100점 만점 기준

성적 구간(명)	학원 의존도(점)
상위 1% (6)	30.5
상위 20% (112)	32.7
상위 30~60% (168)	35
하위 15% (84)	38.4
하위 5% (28)	40.1

불안한 마음에 의존하는 학생 많아 (단위:명)

221(39.3%)	학원을 다니면 공부를 잘 하고 있는 것 같은 기분이 든다
217(38.6%)	학교 수업만으로는 좋은 대학에 갈 수 없을 것 같다
216(38.4%)	학원을 다니지 않으면 성적이 떨어질 것이라고 생각한다
162(28.8%)	성적이 오르지 않더라도 학원은 다녀야 한다고 생각한다
140(24.9%)	집에서 공부하면 막연한 불안함을 느낀다

※ 15개 수학학원 연합연구소인 수학섬(Math Island) 수학연구소와 서울대 인지과학연구소 유재명 박사가
2014년 3월 공동개발한 '수학 자기주도학습 진단 테스트' 조사 중 학원 의존도 결과

하는 악순환이 반복되죠."

대치동에서 21년간 수학 학원을 운영한 김필립 원장은 학원에
대한 아이들의 생각을 이렇게 말한다.

"요즘 아이들에게는 학원이 일종의 피난처가 되는 거죠. 거기에
있는 것만으로도 나는 뭔가 하고 있구나 하는 위안이 되니까요."

엄마들도 마찬가지라고 한다.

"엄마들도 보내 놨으니까 학원에서 공부시키겠지, 적어도 거기
가 있는 동안 뭐라도 조금 하겠지 하는 위안을 얻죠."

김필립 원장은 사교육 자체는 좋다 나쁘다를 판단할 수 있는 것
이 아니지만 지금처럼 엄마 주도로 학원을 선택하고 학생들은 시계
추처럼 왔다 갔다만 다니는 것은 분명 문제가 있다고 지적한다.

자기주도학습의 중요성

제작진은 「SBS 스페셜-체인지」 편을 준비하면서 자녀 교육과 관

련해 고민이 있는 부모님들의 신청을 받아 인터뷰를 진행했다. 단연 자녀의 학업과 관련된 고민이 가장 많았다. 그리고 대부분의 고민은 '사교육'이었다. 사교육에 아이들도 지치고 부모들도 지쳤지만 그렇다고 관두자니 불안한 학원의 딜레마.

교육 컨설턴트들은 하나같이 이 문제의 해답으로 '자기주도학습'의 중요성을 강조했다. 부모들 역시 언제까지 아이들을 끌고 가야 할지 모르겠다며 아이들이 스스로 공부할 수 있는 방법을 알고 싶나고 했다.

자기주도학습이란 말 그대로 학습자가 스스로 학습을 주도하는 것이다. 교육학에서는 '학습자가 참여 여부를 결정하고, 교육 목표를 설정하고, 필요한 교육 프로그램을 선정해 교육을 받고 이를 평가하는 것까지 교육의 전 과정을 자발적 의사에 따라 선택하고 결정하는 학습 방법'이라고 정의한다.

쉽게 말해 누가 시키지 않아도 스스로 공부하고, 필요한 교재나 강의를 선택하고 학습 계획을 세우고 공부한 다음에는 자기가 아는지 모르는지 점검까지 하는 공부 과정에서 모든 주도권이 학생에게 있는 것이다. 하지만 요즘 아이들은 수동적으로 학원에 끌려가는 공부를 하고 있다. 이병훈 교육 컨설턴트는 이를 '엄마가 사장님'이라는 표현을 한다.

"애들은 별생각 없어요, 사실은. 그냥 놀고 싶을 뿐이에요. (웃음)

친구들하고 놀고 싶은데 엄마만 그냥 애가 타죠. 그래서 공부하는 모양을 보며 이 비즈니스의 사장님은 엄마예요. 애들은 그냥 직원이고요. 그런데 공부는 아이 거잖아요. 실소유자는 아이인데 실질적인 운영은 다 엄마가 하고 있죠."

엄마가 다 정해 주고 일정이며 숙제까지 챙긴다면 엄마주도학습이지 진정한 자기주도학습이라 할 수 없다. 동굴에서 나와 봐야 동굴 밖이 있다는 걸 아는데 엄마가 만들어 준 동굴 안에서만 계속 살면 세상은 영원히 동굴 속일 수밖에 없다. 진정한 자기주도학습은 스스로 공부하느냐 여부만이 아니라 공부의 주도권이 학생에게 있는지가 중요하다.

교육 컨설턴트들은 초등 저학년까지는 엄마가 주도권을 가졌다면 본격적인 학습을 시작하는 초등 고학년 때부터는 아이에게 공부 주도권을 넘겨야 한다고 말한다. 또한 아이들이 학원 없이 혼자 해도 잘할 수 있다는 경험을 하게 해 주면 자립심과 학습적인 자기 조절력도 생길 수 있다고 한다.

진짜 공부란 무엇일까? 학원에 어떻게 다녀야 공부가 내 것이 될까? 부모와 아이들의 갈등은 한계에 다다른 상황. 지친 부모들이 용감한 선언을 했다. 바로 자녀의 학원을 끊고 자기주도학습에 도전해 보겠다는 것! 내 아이를 위한 특별한 자녀 교육 실험, '학원 끊기 프로젝트'에 제작진이 함께했다.

07

학원을 끊어야 할
아이들의 신호

수동적으로 끌려가는 공부는 이제 그만. 어떻게 해야 공부 주도권을 아이들에게 넘길 수 있을까? 학원 끊기 프로젝트 진행에 앞서 제작진은 어떻게 하면 학원을 끊은 후 자기주도학습을 효과적으로 진행할 수 있을지 이병훈 교육 컨설턴트를 찾아 의견을 구했다.

"아이들이 학원을 끊어야 하는 세 가지 신호가 있다고 하셨는데 그게 무엇인가요?"

"첫 번째는 무단결석이나 미등원이 잦을 때, 두 번째는 과제를 안하고 그냥 학원에 갈 때, 마지막은 학원 자체의 레벨 테스트에서 변

화가 없을 때입니다. 이 세 가지 현상이 반복된다면 차라리 학원을 쉬는 게 낫습니다."

학원에 가서 배워야 하는데 그걸 그냥 무단으로 안 간다거나 과제 규범성이 없는 상태로 학원에 간다거나 레벨 테스트를 해서 증진이 없는 데도 계속 학원에 보낸다는 건 학원 의존증이라 하겠다. 혹시 엄마의 심리적 불안 해소를 위해 학원에 보내는 건 아닌지, 남들이 그냥 좋다고 하는 학원에 부모의 자존심 때문에 맞지도 않는데 보내는 건 아닌지, 아이는 관심이 없는데 엄마가 가라니 그냥 왔다 갔다만 하는 건 아닌지 돌아볼 필요가 있다.

아이의 잠재력을 해치는 공부

아이들의 그릇 크기가 다르고 가지고 있는 에너지도 다른데 그걸 넘치게 학원을 세팅해 두고 아이들이 스스로 공부하기를 바란다는 건 어불성설이다. 숙제를 해 가지 못해 지적받고, 테스트를 보면 성적이 안 나왔다고 꾸지람을 듣고, 무슨 소리인지 모르겠는데 일단 수업을 듣고 있는 느낌을 아이들도 좋아하지 않는다.

"오히려 혼자 공부하는 시간을 확보해 줬을 때 성적이 오르는 아이들이 있어요. '학원 없이 혼자 해도 잘할 수 있구나' 하는 경험을 한번 하게 되면 자신감을 얻고 자기 효능감이 높아져요. 이걸 바탕으로 아이들이 계속 성장하는 거죠. 그게 진짜 공부입니다."

부모들이 아이의 시행착오를 줄이겠다고 학원을 고르고 공부 계획을 세우며 엄마가 하라는 대로 하면 자다가도 떡이 생긴다고 하지만 그건 아이들이 주체적, 능동적으로 생각하는 기회를 막고 스스로 하는 힘을 키울 수 없게 한다. 적절한 선행과 사교육의 도움이 아이의 능력과 잠재력을 키우는 데 도움이 될 수도 있지만 지나친 사교육은 오히려 아이의 잠재력을 죽일 수도 있다.

점진적으로 성장하여 고3 때 충분히 잘할 수 있는 아이가 겁을 먹고 포기해 버리는 예도 있다. 이것이 아이의 욕구인지 부모의 욕구인지 부모들이 객관적으로 판단할 필요가 있는 것이다.

용기를 내서 학원을 끊으면 아이는 '내가 엉망진창으로 하면 학원에 안 보낼 수 있구나'라는 신호를 받게 된다. 물론 처음에는 충격을 받겠지만 학원 다닐 때 태도가 어땠는지 생각해 보게 되고 거기서 성장하고 성숙할 수 있다.

학원을 그만둬야 할 필요성을 충분히 이해해도 막상 부모들이 두려운 건 '이러다 계속 놀면 어쩌지' 하는 것이다. 관두면 당장은 아이들이 놀 거라 예상하지만 노는 기간이 계속 길어져 3일이 3주가 되고 3개월이 되고 1년을 날려 버리면 어쩌나 걱정을 한다. 그래서 관둔 후 어떻게 할지 계획을 또 엄마가 세우는 경우가 많다. 그러면 학원이 효과가 없다는 걸 인정했을 뿐 엄마는 계속 아이가 원하지 않는 공부를 시키겠다는 것과 다를 바가 없다.

"쉬는 것도 공부예요. 아이들이 학원에 안 가고 쉬는 시간이 그냥 날아가는 시간이 아니라 그 와중에 자기도 혼자 해 보려고 시도하면서 꼼지락거릴 수 있는 시기라고 생각해요."

학원을 끊었을 때 필요한 것

아이에게 학습 주도권을 넘기겠다는 결심을 하고 학원을 끊었을 때 부모들에게 첫 번째로 필요한 건 아이에 대한 믿음이다. "학원을 그만두면 뭘 할지 계획표를 가져와 봐."가 아니라 "그동안 맞지 않는 옷을 입느라 고생했으니 잠시 쉬어 가는 것도 공부의 일환이야." 하며 여유를 가져야 한다.

그리고 두 번째로 필요한 건 아이와의 소통이다. 의견이나 계획이 생기면 그때 부모에게 얘기해 주면 좋겠다고 소통하려는 노력이 필요하다. "그럴 줄 알았다. 공부고 뭐고 다 때려치워."가 아니라 "조금 너 생각해 보는 시간을 가진 후에 네 마음을 엄마한테 얘기해 줘."라고 소통의 여지를 열어 놔야 한다.

부모의 신뢰와 기다림이 없다면 아이로서는 고립무원의 상태가 된다. 아이가 스스로 움직일 때까지 믿고 기다려 주며 불안해하지 않는 의연함이 중요하다.

이병훈 교육 컨설턴트는 그렇다고 밑도 끝도 없이 학원을 그냥 끊는 것은 능사가 아니라고 말한다. 아이의 기본적인 성향과 공부 스타일을 객관적으로 부모가 파악하는 걸 선행하라고 조언한다. 첫 단계가 아이를 믿어 주고 기다린다면 다음 내 아이를 움직이게 하는 방법은 아이마다 다른 성향에 맞춰 부모가 '밀당'을 해야 한다는 것이다.

강제적이고 강압적으로 윽박지르면 오히려 튕겨 나가 버리는 아이들의 경우에 유용한 질문은 "어떤 식으로 진도를 나가면 좋을 것 같아?", "얼마큼이면 네가 할 수 있겠어?"라고 물으며 아이 자신에게 말할 기회를 주는 게 좋다. 이런 아이들은 자기 입으로 이야기한 것이기 때문에 책임감을 느낀다.

경쟁을 붙이면 승리욕에 불타서 공부하는 아이라면 적절히 그 감정을 자극하는 방법을 사용한다. 칭찬과 격려, 지지를 받으면 심리적으로 자신감을 얻어 열심히 하는 아이라면 칭찬과 공감의 리액션이 필요하다. 지적인 호기심을 발휘할 때 적극적으로 반응하는 선생님을 만나면 화학작용을 일으키는 아이도 있다.

아이가 학원을 끊고 자기 생각을 정리하고 공부를 해 보겠다는 의지가 생겼을 때 아이 성향에 맞는 공부 스타일을 찾아 습관을 들이고 작은 성공의 기회들을 얻게 한다면 자기주도학습이 몸에 밸 수 있다.

'우리 애니까 내가 제일 잘 안다'고 생각하는 것보다 엄마가 아는 우리 아이의 모습과 실제 아이의 모습이 다를 수도 있다는 점을 염두에 둬야 한다.

이병훈 교육 컨설턴트는 마지막으로 부모들에게 당부의 말을 남겼다.

"내 아이이기 때문에 한 번이라도 더 고민하게 되고 마음이 쓰이고 두려워 학원을 끊는 게 어렵다는 것을 충분히 이해합니다. 그럼에도 불구하고 명확한 시그널이 왔을 때는 잠시 쉬어 가는 것도 아이 교육의 하나라고 받아들이면 좋겠습니다."

08

집중력이 부족한 아이를 위한 처방: 집중력 체크 학습법

초등학교 5학년 민준이에게 문제집은 해치워야 할 적 중에 가장 큰 적이다. 제일 좋아하는 건 총과 게임. 그냥 두면 온종일 총을 가지고 놀거나 게임을 할 거 같아 엄마는 일주일 시간표를 만들고 그날 할 공부를 체크리스트로 만들어 주었다. 민준이가 하루에 할 일은 10개 정도. 엄마 생각에는 문제집 한두 페이지 분량이라 종류는 많아도 아이가 부담을 가질 양은 아니지만 민준이의 수행률은 절반도 안 된다. 그나마도 대충대충 채점해서 늘 엄마의 분노를 샀다.

민준이도 자기가 할 과제가 많은 편은 아니라고 생각한다. 하지만 이상하게 책상에 앉으면 딴생각이 자꾸 난다. 문제 하나 풀다가 옆에 있는 컴퍼스로 장난을 치고 물 마시러 나갔다 오고 다시 문제

하나 풀고 총을 가지고 논다.

제작진이 만난 교육 컨설턴트는 민준이네는 공부의 주도권이 아이가 아닌 엄마에게 있는 상황이라며 이렇게 설명한다.

"사실 공부라는 회사에서 사장이 엄마예요. 아이는 직원이고요. 솔직히 직원이 월급만 받으면 되는데 무슨 주인 정신을 가지고 일하겠어요. 그나마 일이라도 하니까 다행이죠. 사장은 그러겠죠. 월급을 주는데, 왜 적극적으로 일을 안 할까? 그런데 당연하잖아요. 내 회사가 아닌데. 왜 아이가 학원에 다니기 싫어하고 공부를 안 하는지 근본적인 이유를 분석해야지요. 거기다가 너 월급 루팡이냐, 그럴 거면 그만둬 하는 게 무슨 의미가 있겠어요."

즉 엄마가 사장이면서 아이에게 사장처럼 일하라고 하는 건 과한 기대일 수밖에 없다. 엄마가 계획을 세우고 아이에게 실천하라고 하는 건 진정한 자기주도학습이 될 수 없다. 책상에 앉아도 집중하지 못하는 민준이에게 맞는 자기주도학습 처방은 무엇일까?

처방1) 공부야, 재미있어져라

민준이가 집중하지 못하는 이유에 대해 교육 컨설턴트의 분석은 하나다.

"공부가 재미없으니까 그래요. 재미가 없으니 집중하지 못하는
거죠. 총 같은 거 가지고 놀아 보라 하면 1시간, 2시간, 3시간도 놀
걸요. 집중력이 없어서 공부를 안 하는 게 아니라 집중력을 공부에
쓰지 못하는 게 더 크죠. 공부에 대한 애착이 없어요."

어떻게 공부에 재미를 붙일까? 이런 경우 공부에 대한 농기부여
가 필요다. 내가 왜 공부를 해야 하는지에 대해 나름의 이유가 있어
야 한다. 민준이의 경우 총을 좋아해 육군사관학교에 가고 싶다는
구체적인 꿈이 있는데 이것이 공부에 대한 동기부여가 될 수 있다.
먼저 아이와 공부를 해야 하는 이유를 이야기해 보는 과정이 필요
하다.

공부가 재미있어지는 데에 만화책도 좋은 도구가 된다. 만화나
잡지, 텔레비전을 보다가 아이와 관심 있는 키워드를 선정한다. 우
크라이나에서는 왜 전쟁이 일어났을까? 영화 〈한산〉이 나왔는데
한산대첩과 명량대첩은 어떻게 다르지? 언제 일어난 거지? 이런 궁
금증이 생기면 관련해서 검색해서 자료도 찾아보고, 관련된 책을
찾아 도서관에 가서 빌려 오는 것이다. 교과와 연결해서 피타고라
스의 정리를 배웠으면 피타고라스가 어떤 사람인지 찾아본다. 이때
부모님이 도와줄 것은 책이나 자료를 찾아 주는 게 아니라 아이의

관심 분야를 넓혀 주는 일이다. 이렇게 궁금하고 알고 싶은 게 많아지면 자연스럽게 공부로 연결된다.

처방2) 집중 시간이 짧다면 뷔페식으로 연결하라

공부하겠다고 책상에 앉아서 1분도 못 앉아 있는 아이들이 있다. 먼저 끊어지지 않는 호흡의 집중 시간이 얼마인지를 측정한다. 집중 시간이 5분이냐 10분이냐는 상관없다. 집중력이 유지되는 시간이 10분이라면 과제를 10분 단위로 짧게 잘라서 붙여 가면 된다.

예를 들어 아이의 집중 시간이 10분이라면 10분 단위로 공부하고 5분 테스트, 다시 10분 단위로 암기하고 백지 테스트, 10분 동안 문제를 풀고 10분 동안 오답 노트 쓰고 채점하기, 이런 식으로 학습 계획을 짠다.

1시간, 2시간 호흡으로 공부를 해야 한다는 편견을 버리고 자기에게 맞는 옷을 입으면 된다. 호흡이 짧으면 뷔페식으로 잘게 잘라서 왔다 갔다 하면서 공부하게 한다. 이 방식이 어느 정도 익숙해졌다면 기본 단위를 조금씩 늘려 간다.

처방3) 역질문을 해라

민준이에게 문제집은 해치워야 할 대상이었다. 그러니 실수가 잦고 채점도 대충 해서 틀린 답도 맞았다고 하기 일쑤였다. 채점하기조차 귀찮았던 것이다. 맞고 틀리고가 중요하지 않으니 왜 틀렸는지도 확인하지 않았다. 오히려 "이건 왜 문제를 이렇게 냈어? 출제를 잘못한 거 아니야?"라고 볼멘소리를 한다.

공부를 집중하지 않고 해치우는 식으로 하는 아이는 깊이 있는 사고나 정리, 암기 같은 건 하지 않는다. 이런 아이들이면 '역질문'이 효과적이다. 거꾸로 물어보는 것이다. 암기한 내용에 관해 물어보고, 개념을 이해한 것에 관해 확인하고, 틀린 문제를 왜 틀렸는지 설명해 보게 한다. 예전에 공부했던 것을 다시 물어보는 누적 테스트도 좋다.

엄마가 주도적으로 계획을 짜서 이끌어 가는 건 아이가 실패하는 걸 조금이라도 막아 주고 싶어 하는 마음에서다. 하지만 아이는 그런 엄마의 마음을 알기에는 너무 어리다. 그래서 학습 동기에 대해 엄마와 아이의 차이가 생겨 계속 갈등이 일어난다.

"엄마는 너를 위해 이만큼 하는데 너도 이렇게 해 줬으면 혹은 저렇게 해 줬으면 하고 아이에 대한 기대가 높아져요. 그런데 아이가 못 따라오거나 아니면 그게 싫다고 반응하면 기대가 높았던 만큼 엄마는 더 속상해지죠. 그러다 컨디션이 안 좋거나 하면 아이에게 버럭 화를 내 버리게 됩니다. 이런 일이 반복되면 아이는 엄마의 말이 나를 위한 게 아니라 다 잔소리로 들려요."

부모의 역할은 아이의 모든 것을 관리하는 관리자가 아니라 아이의 가능성을 믿고 지지하고 칭찬하는 응원단일 것이다.

집중력 체크 학습법

1. 공부해야 하는 이유에 관해 이야기를 나눈다.

공부에 재미를 느끼려면 아이 스스로 동기부여가 돼야 한다. 왜 공부해야 하는지 아이와 먼저 대화를 나눠 보자.

2. 집중력 지속 시간을 체크한다.

아이가 공부에 집중하는 시간이 얼마나 되는지 확인한다.

3. 뷔페식으로 공부 계획을 세운다.

1시간, 2시간씩 공부를 해야 한다는 편견을 버리자. 아이의 집중력 호흡이 짧다면 짧은 호흡을 이어 가면서 공부할 수 있게 계획을 세우면 된다.

4. 역질문하라.

공부를 해치우는 식으로 하는 아이에게는 암기한 내용을 물어보거나 이해한 개념을 설명해 보도록 해서 자기 것으로 만든다.

09

점수가 잘 안 나오는 아이를 위한 처방: 거꾸로 암기법

중학교 2학년 승현이는 학원 숙제 미제출도 거의 없고, 학원에 안 가고 딴 데로 새지도 않고, 학원 수업 시간도 잘 지키는 아이다. 하지만 중학교 2학년이 되어 처음 본 시험에 승현이도 부모님도 충격을 받았다. 학원에서 본 모의고사에서는 좋은 성적을 받았기 때문에 걱정을 안 했는데 평균 점수 50점대, 자신 있던 수학도 76점이었다. 한다고 했는데 도대체 승현이의 공부법에는 무슨 문제가 있던 걸까?

"공부는 입력도 중요하지만 출력도 중요합니다. 평소 눈으로 보며 공부할 때는 다 아는 것 같은데 막상 시험을 보면 기억이 안 나는 건 입력만 하고 출력을 해 보지 않았기 때문입니다. 내가 아는 느낌인지 할 수 있는 건지 분간을 못해요. 단순 개념 정리만 하고 유사 문제 응용이 안 되고, 중요하다고 표기한 것도 포인트가 아니라 엉뚱한 부분을 표기하고 말하자면 핵심 파악을 못하는 거죠."

과학이 어렵다고 해서 학원에 다니며 학교 시험을 대비했던 승현이는 학원에서 준 요점 정리만 눈으로 보고 시험을 봤다고 했다. 개념 정리만 하니 조금만 응용되거나 심화 문제가 나오면 풀지를 못한다. 문제를 봐도 내가 아는지 모르는지, 풀 수 있는지 없는지를 파악하지 못했다.

정말 아는 게 맞을까?

차라리 전혀 모른다고 느끼면 다시 찾아보는데 '아는 것 같다'고 느끼면 찾아볼 생각조차 하지 않는다. 계획을 세우고, 실행하고, 평가하고, 내가 정말 아는지 확인하는 과정을 거쳐야 진짜 공부가 된다. 앞의 사례에 나온 민준이를 위한 처방이었던 '역질문하기'도 아이가 제대로 입력했는지 확인하는 방법의 하나다. 아이 스스로 확인하는 방법으로는 백지에 그날 배운 걸 쭉 써 보는 백지 테스트, 빈칸 노트를 만들어 채워 보기, 책에 핵심 부분을 가리고 아는지 확인하는 화이트아웃이 있다. 평가 문제집을 풀어 보는 것도 방법이다.

그중에 가장 효과적인 방법은 다른 사람에게 강의하는 것이다. 가장 가까운 엄마가 강의를 들어 주면 좋다. 자신이 공부한 내용을 막힘없이 술술 강의한다면 제대로 입력과 출력이 된 것이다. 막히는 부분이 있다면 부족한 부분이니 다시 확인한다. 강의 대상이 없다면 있다고 생각하고 설명해 본다.

이것은 일종의 '메타 인지 능력'을 훈련하는 방법이다. 백지에 적어 보거나 누군가에게 설명을 해 보면서 자기가 무엇을 알고 있고 무엇을 모르고 있는지 인지하게 된다. 이 과정에서 스스로 생각하는 힘이 키워지고 체계화되고 공부한 내용이 기억에 오래 남는다.

학원 끊기 프로젝트 당시 승현이는 한 달 후에 시험을 앞두고 있었다. 지난 시험으로 누구보다 속상했던 승현이가 성취감을 느낄 수 있도록 당장 시험 성적을 올릴 수 있는 처방이 필요했다.

처방1) 거꾸로 암기법

공부를 학원에 의존하는 아이들에게 많이 보이는 것이 눈으로만 공부하는 것이다. 학원에서 자료를 잘 정리해 주니 그것만 봐도 다 아는 것 같은 느낌이 든다. 암기해야 할 것도 눈으로 보고 넘어간다. 이럴 때 필요한 게 '거꾸로 암기법'이다.

*** 공부 후 문제
먼저 풀기 [출력]

*** 문제와 관련된 내용
다시 보기 [입력]

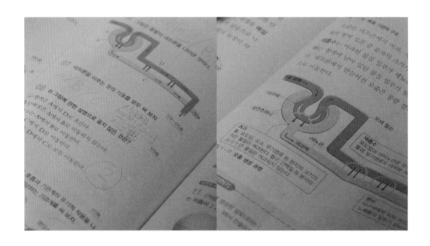

먼저 교과서를 읽는다. 외우려고 할 필요도, 줄 칠 필요도 없고 내용을 이해하면서 읽는다. 그리고 나서 문제집을 펼쳐 문제를 읽는다. 그다음 문제와 관련된 부분을 교과서에 밑줄을 치고 암기한다.

"학생 관점에서 처음 공부할 때 제일 골치 아픈 게 뭐가 시험에 나오고 중요한 핵심인지 잘 모르겠다는 거예요. 그걸 알려면 수업 시간 전에 예습도 해야 하고 수업 시간에 집중해야 하고 필기도 하고 수업이 끝나면 복습하는 게 가장 좋은 방법이죠. 이건 점점 몸에 습관이 되도록 해야 하니 시간이 오래 걸립니다. 핵심을 파악하는 빠르고 쉬운 방법이 있는데 바로 거꾸로 암기법입니다."

거꾸로 암기법은 문제에는 핵심이 녹아 있으니 문제를 읽은 후 교과서로 돌아가 문제에 나온 부분을 체크하면 자연스럽게 핵심을 찾을 수 있는 방법이다. '이게 중요하구나'를 알아야 입력도 출력도 잘된다.

처방 2) 까먹는 것도 암기다

공부는 암기가 기본이다. 암기할 때 아이들이 흔히 빠지는 오류가 두 가지 있다. 완벽하게 외우지 못하면 못 넘어가고 어떻게든 다 외우려고 하다 결국 지쳐 버리는 경우, 또 하나는 기계적으로 외우는 건 의미가 없다고 인과관계를 따지고 용어의 의미를 찾으며 확실하게 이해하려고 애쓰는 경우가 그것이다.

암기를 0에서 100으로 한 번에 가야 한다는 생각을 버려야 한다. 처음에는 30까지만 가도 된다. 그리고 다음은 50, 다음은 70으로 가고 그러다 60으로 내려가기도 하고 90으로 갔다가 110으로 갔다가 100이 된다. 100으로 가야 한다고 하니 끝까지 가지도 못하고 중간에 먼저 지쳐 나가떨어진다.

암기는 이해를 통해서 하는 암기가 있고 기계적인 암기를 해야 할 것도 있다. 이 두 가지가 상호 교환이 되면서 완벽하게 내 공부가 된다. 암기는 여러 번 해서 완성도를 높이는 것이다. 이 완성도를 높이는 방법이 백지에다 써 보기, 빈칸 노트 만들기, 책을 한 권 더 구해서 화이트로 지우고 써 보기, 평가 문제집을 찢어질 때까지 풀어 보기이다.

물리적인 시간이 길다고 공부를 잘하는 건 아니다. 중요한 건 입출력의 균형을 맞추는 것이다. 사실 성적이 잘 안 나오면 제일 속상한 건 아이다. 잘하고 싶은데 잘 안 되니 아이는 의기소침해지고 자존감이 떨어진다. 이런 아이를 다그치기만 한다면 아이는 점점 공부와 멀어진다. 이럴 때는 감독처럼 "숙제했어?", "씻었어?", "수학 문제집 어디까지 풀었어?"라며 채근하기보다 "이것도 했어?"라며 격려해 주는 멘토가 되어 주면 좋다.

승현이의 경우 아빠에게도 특별한 처방이 주어졌다. 바로 '공놀이'다. 승현이는 동생이 둘인데 막내와 나이 차이가 크게 나서 부모님들이 중학생인 첫째 승현이에게 정서적으로 신경을 많이 써 주지 못하는 상황이었다.

아빠가 승현이와 주말에 놀아 줌으로써 아이가 정서적으로 안정될 수 있게 하였다. 다른 놀이보다 배드민턴, 야구 등 빠르게 공이 왔다 갔다 하는 놀이를 추천한 것은 집중하고 처리하는 속도가 빠른 놀이가 집중력이 약한 승현이에게 도움이 될 수 있기 때문이다.

시험을 한 달 앞두고 학원 끊기 프로젝트에 도전한 승현이네. 학원 대신 자기주도학습을 택한 승현이의 다음 시험 성적은 어떨까?

거꾸로 암기법

1. 문제를 먼저 보고 개념을 공부한다.

정리된 자료만 눈으로 보고 공부하면 암기해야 할 것도 그냥 넘어가게 된다. 문제를 먼저 보면서 어떤 걸 암기해야 할지 교과서에 체크해서 핵심을 놓치지 않도록 한다.

2. 암기는 반복해서 한다.

한 번에 다 외우려고 하지 말고 여러 번 반복해 외우면서 완성도를 높인다.

3. 백지를 활용한다.

백지에 외운 것을 써 보면 암기가 제대로 되지 않은 부분을 체크할 수 있다.

10

무기력한 아이를 위한 처방:
자기 역량 체크 학습법

학원 숙제를 안 해 가고, 학원도 자꾸 빠졌던 중학교 1학년 한주. "오늘도 숙제를 안 해 왔어요."라는 학원 선생님의 문자를 받을 때마다 엄마는 가슴이 덜컥 내려앉는다. 급기야 한주는 숙제를 안 하고 학원에 가면 페널티로 1주일 용돈 금지와 핸드폰 사용 금지를 약속하며 엄마에게 각서까지 썼지만 무용지물이었다.

한주네 집은 학원 숙제를 두고 한주와 엄마 사이에 늘 갈등이 있었다. 이를 지켜보는 아빠의 마음도 편치 않다. 한주 아빠는 그렇게 할 거면 차라리 학원을 관두고 혼자 공부하는 습관을 키우는 게 낫지 않냐고 하지만 한주 엄마는 이것마저 관두면 아이가 영영 공부에서 손을 놓을 것만 같아 불안하다.

"엄마, 이런 문제집 사 주세요."라는 말이 가장 듣고 싶다는 엄마의 소망대로 학원을 끊고 한주의 자기주도학습이 성공할 수 있을까? 제작진은 프로젝트의 성공을 돕기 위해 교육 컨설턴트와의 상담을 통해 한주의 지금 상태와 성향, 공부 스타일을 분석하고 그에 따른 자기주도학습법을 처방받았다. 무기력한 한주에게 내려진 컨설턴트의 처방은 '자기 역량 체크 학습법'이었다.

컨설턴트는 한주의 경우 '느려서' 학원 숙제를 못 해 간다 생각했는데 사실은 '느긋해서' 학원 숙제를 해 가지 않은 것이라 분석했다. 공부를 왜 하는지에 대한 목표가 없고 절박함이 없으니 느긋해질 수밖에 없다. 엄마가 시키는 대로 학원은 다니지만 숙제를 열심히 할 이유도 없고 점점 무기력해진 것이다. 이런 한주에게는 공부를 왜 해야 하는지 동기부여를 하는 것과 스스로가 세밀하게 짠 계획이 필요했다.

"한주는 약간 학습된 무기력이 있어요. 내가 무언가에 스스로 성공해 본 성취 경험이 쌓이지 못하니 공부에 집중하지 못하고 자꾸 딴짓하게 되고 웹툰이나 게임에 빠지게 되는 거죠. 이럴 때 필요한 게 계획, 세밀한 플랜이에요. 자기만의 시스템을 만들어 움직이는 거죠."

인간은 아무 의미 없는 일에 집중하지 못한다. 사소하게라도 내가 그 일을 해야 하는 목표가 있어야 집중할 수 있다. 공부 역시 마찬가지다. 내가 공부하는 목표가 구체적이고 세부적이어야 달성 의욕도 강해지고 실천력도 강해진다. 그것을 가능하게 해 주는 게 '공부 계획'이다. 계획의 세밀함이 무기력함과 집중력 부족을 방지한다.

처방1) 평소 나의 역량을 파악하고 분량 목표를 구체적으로 세워라

계획을 짤 때는 네 가지가 갖춰져야 한다. 첫째, 무엇을 공부할까? 둘째, 무엇으로 공부할까? 셋째, 얼마만큼 공부할까? 그리고 마지막으로 얼마 동안 공부할까? 이 네 가지가 갖춰져야 진짜 공부 계획이 된다. 공부에 지친 아이들을 보면 대부분 이 공부 계획이 엄마 주도로 세워지고 공부 과목, 교재나 방법, 양만 정한다. 이것은 'To Do List'에 불과하다.

이것이 계획이 되려면 얼마 동안 해야 하는지 스스로 생각해야 한다. 그래서 필요한 것이 '자기 역량 체크'다.

"먼저 자기 측정을 해 봐요. 내가 수학 문제집을 풀 때 문제당 몇 분 정도 걸리는지, 영어 단어 30개를 외우는 데 얼마나 시간이 걸리는지 재 봐요. 그러면 내가 이 정도 분량을 공부하는 데 몇 분을 투자해야겠구나 하는 자기 생각이 생기겠죠. 그러면 한 학기 동안 수학 문제집 3권을 풀겠다고 목표를 세우면 하루에 공부할 페이지가 나오잖아요. 그렇게 역추적하는 거예요."

 계획을 세울 때는 '수학 문제집 1시간 풀기', '영어 단어 30개 외우기'가 아니라 '수학 문제집 20쪽~25쪽 1시간 동안 풀기'나 '10분 동안 영어 단어 30개 외우기'처럼 자기가 체크한 역량에 따라 분량과 시간을 정하는 것이 좋다.
 월화수목금토일, 일주일 동안 내가 공부할 수 있는 시간이 얼마만큼인지 체크하고 거기에 따라 과목을 배분한다. 수학과 영어는 매일 하는 것이 좋고, 국어 사회 과학은 돌아가면서 한다. 하루에 3시간 공부할 시간이 있다면 1시간씩 수학과 영어를 하고 월요일은 국어, 화요일은 과학, 수요일은 사회 등으로 요일별로 공부할 과목과 시간을 배분하고, 배분한 시간에 맞춰 공부량을 정한다.
 공부해야 하는 책도 정하고 분량도 정하고 계획도 짜고 거기에 필요한 수업이 인터넷 강의든 학원이든 문제집 풀기든 아이가 자기 주도권을 가지고 의사 결정을 하도록 해야 한다. 자신이 짠 계획이기 때문에 아이들은 더 책임감을 느끼고 실천하려 애쓴다.

처방 2) 공부 일기를 써라

공부 일기는 그날 공부를 마무리하면서 공부한 것을 정리해 보는 일지다. 백지에 당일 공부한 내용을 생각나는 대로 써 보는 것이다. 수학을 공부했다면 공부한 수학 공식을 쓰거나 틀린 문제를 다시 풀어 본다. 영어 단어를 외웠으면 기억나는 영어 단어를 적어 보고, 문법을 공부했으면 문법을 정리한다. 역사를 공부했다면 키워드를 적거나 새롭게 알게 된 내용을 기록한다. 내가 시험 문제를 낸다면 어떤 문제를 낼지 작성해 보는 것도 좋다. 이 과정을 통해 아이들은 그날 내가 무엇을 공부했는지 다시 한번 체크해 보게 된다.

여기에 추가로 공부하면서 좋았던 점, 고쳐야 할 점도 자유롭게 기록한다. 유난히 집중이 잘되었다면 그 이유가 무엇이었을지, 반대로 계획을 다 지키지 못했다면 무엇 때문이었는지 나름의 이유를 적어 보면 다음 공부 계획을 세울 때 참고가 된다. '수학 문제를 풀다 막히면 딴생각하게 되네. 그럼 다음에는 문제가 막히면 그 문제 푸는 걸 멈추고 풀 수 있는 문제를 먼저 풀고 다시 시도해 봐야지.' 이런 식으로 스스로 답을 찾아가게 된다.

공부 계획을 세울 때 아이가 주도적으로 할 수 있게 부모는 기다려 주는 게 좋다. 스스로 계획을 세웠다는 것에서부터 마음가짐이 달라진다. 이때 대뜸 알아서 짜라고 하기보다는 서서히 주도권을 넘긴다. 4학년 때까지는 엄마가 짜 주더라도 5학년 정도부터는 같이 짜는 게 좋고, 6학년부터는 짜 오게 해서 피드백을 해 준다.

아이가 스스로 자기 역량을 체크하고, 목표를 세우고, 교재를 정하고, 공부 시간과 공부 분량을 배분하도록 하여 계획에 대한 책임감을 느끼게 해 주자. 물론 처음에는 서툴러서 답답할 수 있다. 하지만 믿고 기다리면 아이 스스로 계획을 수정하면서 자신에게 맞는 공부법을 찾아갈 것이다.

자기 역량 체크 학습법

1. 아이의 역량을 체크한다.

수학 문제집 한 페이지를 푸는 데 시간이 얼마나 걸리는지, 영어 단어 일정 갯수를 외우는 데 시간이 얼마나 걸리는지 아이가 스스로 자신의 역량을 체크하게 한다.

2. 분량 목표를 구체적으로 세운다.

목표로 세운 공부량을 달성하려면 하루에 얼마씩 공부를 해야 하는지 역으로 계산한다. '수학 문제집 20쪽에서 25쪽까지 1시간 동안 푼다' 처럼 분량과 시간을 정해서 계획을 세운다.

3. 공부 일기를 쓴다.

공부를 마무리하면서 그날 배운 내용을 떠오르는 대로 노트에 적는다.

11

학원 끊기 프로젝트 한 달 후
[민준이네]

학원 다니는 것도 싫고 문제집 풀기도 싫어하던 5학년 민준이.
엄마는 드디어 학원 끊기를 선언했다.

"오늘부터는 학원 안 가도 돼. 학원도 공부방도 학습지도 지겨워
했잖아. 오늘부터 다 끊고 민준이가 스스로 계획해 봐."
"죽으라는 거야?"

학원을 끊으면 좋아할 줄 알았는데 민준이는 의외로 당혹스러움
이 더 커 보인다.

"일주일도 못 버티고 나가떨어질 건데…."

학원을 그만두고 첫날, 민준이는 종일 게임만 했다. 학원을 관뒀다고 엄마가 공부 계획을 짜고 아이를 이끌려고 하면 결국은 엄마 주도학습이 되니 일단 지켜보기로 했다.

"그동안 엄마가 앞장서서 '이게 필요할 거야, 저거 해야 해'라고 했는데 이제는 그만하려고요."

처방을 받은 것처럼 한 번에 집중할 수 있는 시간을 체크하고, 짧게 짧게 민준이가 집중할 수 있는 시간과 분량만큼 하루 계획을 짜 보자고 했더니 민준이의 당황스러움은 까칠함으로 표현되었다.

"그러니까 뭘 하려는 건데?"
"네가 무슨 과목을 어떤 교재로 할지 정하고, 넣을 건 넣고 뺄 건 빼면서 분량과 시간을 정하는 거야. 양을 조금씩 해서."
"그냥 엄마가 해 줘."
"같이 정해야지. 네가 해 본 적이 없으니 어떻게 해야 할지 요령이 부족할 수 있으니까 엄마랑 같이 해 보자. 엄마가 도와줄게."
"아니 계획표를 어떻게 작성하는 건지 난 모르겠다고!"

일주일 후

"솔직히 망해가는 느낌이에요. 아니 망해가는 느낌이 아니라 망했어요. 다시 학원에 가야 할 거 같아요."

학원을 관두고 일주일 후 만난 민준이는 학원에 다시 가고 싶다 했다. 학원에 가지 않으니 시간 여유가 생겼지만 마음껏 노는 것도 불안하고, 공부를 해야겠다는 부담감은 있는데 뭐 어떻게 해야 할지 모르겠다고 했다. 차라리 예전처럼 학원에 다니고 엄마가 시키는 대로 하는 게 마음이 편할 거 같다고 했다.

어쩔 줄 몰라 하는 민준이를 지켜보는 엄마 아빠도 불안하기는 마찬가지다.

"공부에 집중하는 것도 아니고 노는 것도 아니고 그냥 책상에 앉아서 시간만 허비하고 있는 것 같아요. 아직 스스로 양을 정할지도 모르고, 공부 방법도 모르겠고, 해야 할 숙제도 없지, 옆에서 잡아주는 사람도 없지, 잔소리하는 사람도 없지, 자기 제어도 안 되니 아이는 불안한 거죠."

학원을 끊자마자 알아서 계획을 세우고 자기주도학습을 할 수 있는 아이가 몇이나 될까? 학원 끊기 프로젝트를 진행하면서 자문했던 교육 컨설턴트는 처음에는 아이가 갑자기 생긴 시간과 자유에 당황해서 아무것도 안 할지 모른다고 했다.

"그동안 엄마가 공부에서 사장이 되어 직원인 아이를 시켰는데 갑자기 월급을 끊고 혼자서 해 보라고 하면 당황할 수밖에 없죠. 아이가 혼자는 어려워서 학원이라도 다녀야겠다고 생각했다면 긍정적인 신호예요. 그동안 내 의지와 상관없이 그냥 하라는 대로 했는데 '학원 공부가 없으면 힘들구나, 내가 잘 이용해야 하겠구나'라고 <u>스스로</u> 공부에 대해 생각한 거잖아요."

공부 계획을 혼자 짜기에는 초등학교 5학년인 민준이에게는 아직 무리가 있어 엄마가 함께하기로 했다.

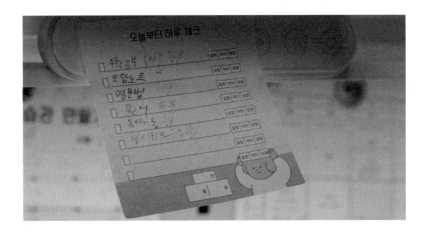

*** 학습 계획표 정리

"민준아, 국어부터 정해 볼까? 국어 독해를 해야 하는데, 뭐가 좋을까?"

"하루 한 장 독해 그거면 되지 않나?"

"영어 공부에서 민준이가 지금 당장 시작해야 하는 게 뭐였지?"

"문법."

"문법 공부는 어떻게 할 거야?"

"이 문제집으로 할 거야."

"민준이가 해 보니까 어땠어? 하루 양으로는?"

"적당해."

"적당해? 얼마나 걸려?"

"30분."

"문법만 하면 지루할 수 있으니까 다른 것도 할까? 영어 리딩서는 얼마나 걸려?"

"100년."

"10분? 이거는 금방 풀지 너? 영어 단어는?"

"100만 분."

"단어 교재는 한 장에 열 개씩 외우는 거지?"

"10개에 한 20분?"

"수학은 학원에서 어떻게 했어?"

"수학 선생님이 빨리 끝낸다고 하루에 여섯 장씩 풀렸어."

"그럼 너는 어떻게 풀고 싶어?"

"하루에 한 장."

민준이는 학원에서 배우던 문제집과 집에서 하던 교재들을 다 가지고 나와 자기가 공부할 문제집과 하루에 할 수 있는 양을 정했다. 민준이가 적의 수장이라 불렸던 문제집들을 스스로 분류하는 일부터 시작한 것이다. 초등학교 5학년인 민준이가 일주일 시간표를 새로 짜는 게 부담이 될 것 같아 기존에 학원에서 하던 일정을 참고하고 거기에 민준이가 할 수 있는 양을 배분했다.

민준이의 경우 집중력이 짧아서 과목별, 항목별로 세분화해서 집중하는 과목과 쉬운 과목을 섞어서 호흡을 짧게 하여 뷔페식으로 배치했다. 30분 국·영·수 하고 10분 쉬고, 다시 30분 국어와 영어를 하고 10분 쉬는 식으로 말이다. 그리고 이게 익숙해지면 서서히

*** 솔루션＋3일 차 – 단 6분의 집중

*** 솔루션＋15일 차 − 12분 집중

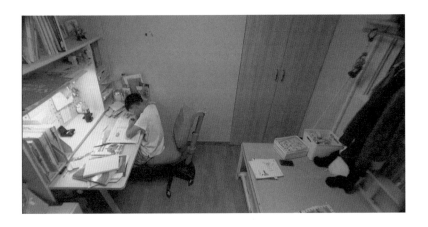

*** 솔루션＋34일 차 − 23분 집중

집중하는 시간을 늘리기로 했다.

민준이 엄마는 예전에도 시간표를 만들었는데 그때와 민준이와 다시 만든 시간표는 어떻게 다를까?

"더 세분됐죠. 예전에는 그냥 교재명 쓰고 분량 쓰고 확인, 이 정도였다면 지금은 아이가 이게 어느 정도 걸리는지 그리고 어떻게 공부를 할지까지 적혀 있으니까 더 공부하기 수월한 것 같아요. 확인하기도 좋고요. 익숙해지면 좋겠어요."

한 달 후

학교에서 돌아온 민준이는 식탁에 앉아 간식을 먹으면서 메모지에 오늘 할 공부를 적는다.

"수학은 문제집 풀었던 거 오답 노트 정리할 거고, 영문법 20분 하고 원서 5분 읽을 거야."

방 안으로 들어간 민준이를 관찰했다. 민준이는 책상에 놓여 있는 총을 가지고 놀더니 곧 총을 집어넣고 장난감을 정리하더니 책상에 앉아 문제집을 푼다. 문제집을 다 풀었는지 책장에 꽂고 무언가를 찾는다.

"평가책이 어디 있지? 복습용 책인데. 왜 안 보이지?"

문제집에 연필로 문제를 푼 흔적을 지우더니 샤프를 꺼내 그 위에 푼다.

"수학은 끝!"

침대에 엎드려 총기 관련 잡지를 보다가 밖에 나가 콜라를 마시고 들어와 핸드폰을 본다.

"6분 남았네."
"20분 공부하면 10분에서 15분 정도 쉬는 거예요?"
"네."
"민준이가 정한 거예요?"
"네. 해 보니까 공부 시간은 30~40분이 적당하고 쉬는 시간은 15분이 적당한 거 같아요."

시간이 다 되었다고 다시 책상에 앉아 영어책을 펼친다. 아까 포스트잇에 쓴 오늘 공부할 것들을 한 번씩 확인한다.
민준이의 변화를 엄마는 느끼고 있을까?

"학원을 관두고 아이가 드라마틱하게 변하지는 않더라고요. 하지만 돌아다니던 시간도 많이 줄었고, 공부하는 시간과 쉬는 시간에 체계가 잡힌 것 같아요. 집중도가 높아졌는지 예전보다 문제를 엉망으로 푸는 것도 줄었고요. 아직 어리기도 하고 한 달밖에 안 돼서 그렇지만 조금씩 달라지는 모습에서 희망을 느끼게 돼요."

아빠도 요즘 민준이와 엄마 사이의 관계가 많이 좋아졌음을 느끼나고 한다.

학원을 끊었을 때 망할 것 같다고 다시 학원에 다니고 싶다던 민준이는 한 달 동안 자기주도학습을 하고 어떤 심경의 변화가 생겼을까?

"아직은 자기 주도가 부족하기는 하지만 망할 것 같지는 않아요. 학원 다닐 때는 안 다니면 안 될 줄 알았는데 안 다녀 보니까 그렇게 꼭 다녀야 하는 건 아니구나 하는 생각이 들어요. 그렇다고 공부가 좋아진 건 아니지만 학원 다닐 때보다는 덜 싫어요. 지금은 20분 정도 집중하는데, 더 집중이 잘되면 1시간도 할 수 있을 것 같아요."

엄마가 매니저가 되어 챙겨 줬던 민준이는 이제 홀로서기를 시작 중이다.

12

학원 끊기 프로젝트 한 달 후
[승현이네]

학원 숙제도 다 해 가고 학원을 빠진 적 없이 성실하게 학원에 다녔던 중학교 2학년 승현이. 학원 수업은 곧잘 따라가고 모의시험도 꽤 괜찮게 풀어 기대했는데 첫 시험 성적에 충격을 받았다. 학원을 끊는 것을 불안해하던 승현이네도 학원 끊기 프로젝트에 동참했다. 묵묵히 학원에 다녔던 승현이가 학원에 대해 감춰 뒀던 속내를 털어놨다.

"쌤이 그냥 풀어 줘. 그러니까 식도 세우고 답도 쌤이 써 준단 말이야. 그래서 내가 부족한 게 뭔지 잘 모르겠어. 수학은 솔직히 갈 때마다 끌려가는 그런 느낌이야."

"이번 중간고사는 학원 다니지 말고 네가 준비해 봐. 지금 학원이 너무 싫은데 몸만 가는 것 같아. 남은 시간 동안 너 스스로 노력해 봐야지."

승현이가 학원을 그만둔 건 2학기 중간고사를 한 달 앞둔 시점. 안 그래도 시험이 부담스러운데 혼자서 공부를 해야 한다는 부담을 느끼고 프로젝트를 시작했다. 승현이는 공부도 공부지만 첫 시험 성적이 안 좋아 오랫동안 위축되었던 마음을 극복하고 다시 성취감을 느끼는 것도 중요한 과제였다.

2주일 후

승현이에게 내려진 자기주도학습 처방은 '거꾸로 암기법'이었다. 대부분 교재를 보고 문제집을 푸는데 거꾸로 문제집의 문제를 보고 교재에 어느 부분에서 출제되었는지 체크를 한 후 교재를 보는 것이다. 즉 문제가 나올 수 있는 중요 내용을 체크하는 연습이 거꾸로 암기법이다. 이 방법은 승현이처럼 성실하지만 무엇이 중요한지 핵심 파악 능력이 부족한 경우 유용하다.

학원 끊기 프로젝트를 시작한 지 2주일 후 찾아간 승현이는 과학 공부를 하고 있었다. 지난 시험에서 공부했음에도 가장 성적이 안

나온 과학에 거꾸로 암기법을 적용해 중간고사를 대비하고 있었다. 문제와 교재를 비교하며 중요 부분에 형광펜으로 밑줄을 치며 공부를 한다. 그리고 백지를 꺼내더니 공부한 내용을 쭉 적어 본다. 한참을 혼자 공부하던 승현이가 엄마를 찾는다.

"빈칸 테스트로 해 볼까, 백지 테스트로 해 볼까?"

백지 테스트는 백지에 아는 걸 적어 보는 것이고, 빈칸 테스트는 교재에서 중요 부분을 지운 후 들어갈 내용을 맞히는 것이다. 승현이는 빈칸 테스트를 택했고, 엄마는 승현이가 공부했던 부분의 교재를 복사해서 화이트로 지워 빈칸을 만들었다.

엄마가 낸 시험지를 풀다 승현이가 엄마에게 한마디한다.

"이거 중요하지 않은 부분인데 왜 냈어? 너무 쉽잖아."

"출제자 마음이지. 쉬우면 알겠네."

"이거 쉬워서 안 나올 거야. 나온다면 1, 2, 3, 4, 5, 6번 중 틀린 걸 골라라 이렇게 하겠지."

승현이는 엄마가 낸 문제보다 더 중요한 내용이 뭔지 공부한 개념을 엄마한테 열띠게 설명까지 한다. 문제를 다 푼 승현이는 그제야 쉬면서 핸드폰을 보고, 엄마는 채점한다. 스무 문제 중에 세 개 틀렸다.

"예전에는 이런 테스트를 안 했으니 비교할 수 없지만 승현이가 공부하면서 꽤 많이 알고 있는 거 같아요. 지난 시험 때는 원소기호도 안 외웠거든요."

문제를 먼저 보고 교재를 보고, 백지 테스트와 빈칸 테스트를 하는 방식이 승현이도 꽤 마음에 드는 눈치였다.

"그 전엔 눈으로만 외웠다면 지금은 한 번 써 보고 직접 설명도 해 보니 더 잘 외워지는 것 같아요. 예전에는 개념은 이해가 되는데 문제 풀기가 어려웠지만 문제집이랑 교재를 비교하며 하니까 도움이 돼요. 그리고 지금은 외워야 할 것만 딱 외우니까 이해도 잘되고 그 전보다 확실히 문제 풀기가 더 쉬워요."

엄마도 바뀐 공부 방식이 승현이에게 잘 맞는 것 같다고 한다.

"백지 테스트까지 하면 아이도 자기가 알고 있는 게 어느 정도인지 확실히 알고 있고, 어떤 부분이 부족한지 보이니까 어떤 부분을 보완해야 할지 잘 파악하는 거 같아요."

한 달 후

학원 끊기 프로젝트를 한 지 한 달. 다시 찾은 승현이는 그사이 중간고사를 마쳤다. 학원을 관두면 시험을 망칠 거라고 불안해했는데 시험 결과는 어떻게 나왔을까?

"수학 90점? 영어 75점?"
"헷갈려서 틀렸어. 기역 니은 디귿 리을 중에서 맞는 걸 고르라는데 너무 애매했어."

그렇다면 걱정했던 과학은 65점. 평균 76점! 지난 시험보다 평균이 무려 20점 이상 올랐다.

"과학도 식 구하고 그래프 그리는 건 다 채웠는데 단순 개념을 틀렸어. 너무 쉬워서 안 나올 줄 알았거든."

승현이는 한참을 엄마한테 아쉽게 틀린 시험 문제에 관해 이야기한다. 한 달 전 처음 승현이를 촬영하러 왔을 때와 달라진 모습에 제작진도 놀랐다. 그때 엄마가 지난 과학 시험지와 학원 기출 문제를 보여 주며 비슷하게 나왔는데도 응용을 못해 틀렸다고 안타까워할 때 정작 승현이는 반응이 없었다. 그런 승현이가 달라졌다. 이런 승현이의 모습에 엄마도 놀랐다.

"저희가 몇 번 촬영을 왔는데 이렇게 적극적인 승현이 모습은 처음이에요."
"사실 저도 놀랐어요. 얘가 시간을 헛되이 보내지 않았구나 싶었어요. 전에는 시험 틀린 거 자체를 그냥 덮고 싶어 했어요. 왜 틀렸는지 궁금해하지도 않고 오히려 제가 찾아봤죠. 그런데 이번에는 틀린 문제가 어디에서 어떻게 나왔는지, 처음 보는 문제 유형이었다느니 이런 것까지 꿰고 있었어요. 일단 본인이 왜 틀렸는지는 정확히 알고 있는 것 같아요. 그래서 공부했구나 싶더라고요."

엄마는 지난번보다 오른 성적도 기쁘지만 그동안 승현이가 노력한 만큼 좋은 결과를 얻은 것이 더 기뻤고, 가장 기뻤던 건 이렇게 했으면 더 잘했을 텐데 하며 틀린 이유를 찾고 다음에는 어떻게 공부할지 스스로 생각하게 되었다는 것이라 했다.

승현이가 한 달간 혼자 공부하는 건 어땠을까?

"저번에는 그냥 생각 없이 공부하고 목표도 없고 그냥 막연히 잘 보겠지 했는데 이번에는 목표가 생기니 더 욕심이 나고 그랬어요."

"승현이가 정한 목표는 뭐였어?"

"전 과목 A 받기요. 목표를 조금 더 빨리 세웠으면 좋았을 텐데 그게 후회가 돼요."

자기주도학습을 하면서 승현이가 제일 중요하다 느낀 게 무엇인지 물었다.

"계획 세우기요. 계획을 짜고 한번 해 보고 하니까 공부에 대해 계속 생각하게 되었어요."

학원 끊었을 때는 그냥 혼자 할 수 있을까 불안했던 승현이는 혼자 계획도 세우고 해 보니 마음이 편해졌다고 한다. 학원 다닐 때는 학원에서 시키는 것만 해도 시간에 쫓겨서 공부할 시간이 없었는데 지금은 시간이 남아서 다른 공부를 할 수 있는 여유도 생겼다면서 역사와 국어 공부 시간도 늘릴 거란다. 승현이의 다음 목표는 무엇일까?

"전 과목 90점 이상? 아니 80점 이상으로 할게요."

승현이가 웃음을 터뜨린다. 이제 자기주도학습에 대한 감을 잡은 모양이다.

13

학원 끊기 프로젝트 한 달 후
[한주네]

"엄마 학원 끊는다고 선생님이랑 통화했어. 학원에 안 다닌다고 공부를 안 할 수는 없잖아. 그래서 어떻게 하면 좋을지 너랑 상의 좀 하려고 불렀어."

학원 숙제를 안 해서 늘 엄마에게 혼나던 중학교 1학년 한주, 드디어 학원 끊기 프로젝트를 시작했다. 학원을 끊고 난 후 한주에게 내려진 처방은 '자기 역량을 체크 후 공부 계획 세우기와 공부 일기 쓰기'였다.

이제는 학원에 안 간다는 엄마의 얘기에 한주의 표정이 밝아진다. 하지만 따로 한주와 인터뷰를 해서 한주의 속마음을 물으니 좋으면서 불안하다고 했다.

"이제 시간이 많아져서 할 수 있는 게 많이 생겨서 좋아요. 하지만 학원에서 하던 걸 멈추니까 시간이 지나면 학원에서 했던 어려운 걸 다 까먹을까 봐 걱정이에요."

"학원 때문에 못 했던 게 많았어?"

"예전에 학원 별로 안 다닐 때는 책도 읽고 밖에서 운동도 하고 뛰어놀기도 했어요. 학원에 다니고 나서부터는 핸드폰이랑 게임밖에 안 하는 것 같아요."

엄마 역시 학원을 과감하게 끊었지만 불안하긴 마찬가지다.

"한창 사춘기가 왔던 5학년 때 한 10개월 정도 학원에 안 다닌적이 있어요. 그때 혼자 공부해 보겠다고 했지만 잘 안 돼서 다시학원에 간 거라 이번에는 잘할 수 있을지 걱정이 되기는 해요."

2주일 후

학원을 끊는다고 엄마가 연락한 후 약 2주 정도가 지났을 때 한주네를 다시 찾았다. 지난번과 달라진 점은 공부 계획을 한주가 결정한다는 것이다.

"한주야, 너는 하루에 몇 장 정도 푸는 게 부담이 없고 혼자 하기 알맞은 양이라 생각해?"

"수학은 3~4장 정도. 일주일에 세 번 수학을 공부할 거니까 21챕터에서 26챕터까지 할 거야."

"너무 많지 않아?"

"괜찮아."

"그럼 수학은 수, 목, 금 이렇게 하고 혹시 다 못 하면 토요일에 마저 하는 거로 할까?"

"그래."

계획을 세울 때 중요한 건 목표를 구체적으로 정하는 것이다. 아직 중학교 1학년이라 학교 시험이 없는 한주는 단기적인 목표를 세우기 어려웠다. 그래서 한주는 '올해 안에 영어 문법 끝내기와 수학 A급 난이도 문제집 끝내기'를 목표로 세웠다.

목표를 달성하기 위한 계획을 세우기 전에 한주는 먼저 자기 역량을 체크했다. 타이머를 켜고 과목별로 공부하다 집중력이 흐트러져 시선이 타이머로 가면 '내가 공부하다 딴 생각했구나' 알아채고 집중한 시간을 체크했다고 한다.

"과목마다 얼마나 제대로 할 수 있는지 알 수 있게 되었어요. 그래서 예전에 분량만 정해서 풀 때는 그 분량까지 하면 되니까 대충 대충 풀었는데 시간을 정하고 하는 양을 정하고 하니까 제대로 풀게 되는 거 같아요."

그러고 보니 한주의 공부하는 모습이 촬영 시작했을 때와 달라졌다. 저녁을 먹고 방으로 들어간 한주는 책상에 앉자마자 타이머를 들어서 시간을 맞추고 문제집을 펼친다. 50분 후에 알람이 울릴 때까지 한주는 수학 문제 풀이에 집중한다.

인터넷 강의를 들을 때도 달라진 모습이다. 지난 촬영 때는 눈으로 화면만 보던 한주가 바쁘게 손을 움직인다. 인터넷 강의를 보다 멈춰 놓고 필기하고, 문제집을 풀고 다시 인터넷 강의를 재생시킨다. 이 과정을 계속 반복하며 인터넷 강의를 보는 한주의 모습이 사뭇 진지하다.

"인터넷 강의에 나오는 개념은 필기하고 그다음에 책에 있는 문제들을 풀다가 안 되는 게 있으면 인터넷 강의에 비슷한 유형의 문제 푸는 걸 보고 똑같이 풀어 봐요. 그리고 인터넷 강의에 나온 문제와 비슷한 유형의 문제를 풀면서 제가 푸는 방법이 맞는지 확인하고 이걸 계속 반복해요."

"그러면 적고 있는 건 뭐예요?"

"개념을 적고 문제 유형에 관한 걸 적는 거예요."

눈만 바빴던 한주가 손까지 바빠졌다.

"그냥 보기만 했을 때는 대충대충 넘어가던 걸 필기하니까 덜 잊어버려요. 써야 할 게 많아 손이 아파요. 계속 쓰다 보면서 그걸 읽으니 좀 머리에 박히는 것 같아요."

한주는 인터넷 강의를 관람만 하던 습관을 버리고 강의 전후 예습, 복습을 하고 필기하는 습관을 기르고 있다. 학원을 관두고 혼자 공부하니 어떤 점이 좋을까?

"학원에 안 가니까 시간이 많아서 언제 공부를 시작해도 이상하게 안 느껴져서 좋아요."

"혼자 하니까 모르는 문제나 어려운 게 나오면 어떻게 해요?"

"틀린 문제는 답지를 보고 다시 풀면서 어떻게 푸는지 정리를 해요. 어렵고 잘 모르는 건 인터넷 강의를 찾아보기도 하고요."

"예전과 가장 달라진 점은 뭔 거 같아요?"

"음, 조금 규칙적으로 하루에 어느 분량 정도는 하는 것 같아요. 그리고 학원 다닐 때보다 공부하는 양은 줄었지만 오히려 문제는 더 제대로 푸는 것 같고요. 학원에 다닐 때는 집중을 많이 못했어요. 처음 혼자 공부 시작할 때도 그랬는데 지금은 30분 이상은 집중해요. 예전보다 공부가 좀 잘되는 느낌이에요. 그리고 핸드폰 하는 시간이 줄었어요."

스트레스를 웹툰을 보고 게임을 하는 거로 풀던 한주는 학원 끊기 프로젝트를 한 후 마음이 편해져서인지 핸드폰을 드는 시간이 줄었다고 한다.

"학원 다닐 때보다 부담감이 덜한 느낌이 들어요. 예전에는 숙제를 안 하면 혼나는 것 때문에 부담이 많았거든요. 학원에 숙제를 안 하고 가는 날이면 선생님께 혼날까 봐 눈치 보이고 집에 와서도 혼날까 봐 걱정돼서 피곤했는데 지금은 그런 게 없으니까 편해졌어요."

한 달 후

학원 숙제가 사라지니 편해진 건 한주만이 아니다. 엄마도 편해졌다.

"밥 먹고 뭐 할 거야?"
"수학."
"오늘은 틀린 거 체크해? 아니면 인터넷 강의 볼 거야?"
"그냥 진도 나갈 거야."
"지금 푸는 게 B단계였나?"

"어. 해 보다 어려우면 동영상 찾아볼게."

엄마는 숙제를 했는지 안 했는지 확인하는 일을 그만뒀다. 숙제 때문에 실랑이하다 숙제가 없어져서 화낼 일도 없어진 것도 있지만, 촬영하면서 한주를 칭찬하기보다는 지적을 더 많이 했다는 사실에 충격을 받았기 때문도 있다.

계획한 공부를 끝내고 공부 일기까지 마친 한주가 엄마를 불러 옆에 앉게 한다. 그리고 그날 공부 내용을 엄마에게 설명한다.

"고생했어, 한주야. 너무 잘한다. 평행에 대해 다 알게 된 거야? 문제 풀어 보고? 대단하다."

요즘 엄마는 한주를 칭찬하려고 애쓰고 있다. 그리고 한주가 좋아하는 게임도 같이하면서 한주와 공부 말고 다른 이야기도 많이 해 보려 한다.

"엄마가 칭찬을 해 주신 적도 없고 게임을 같이 한 적도 없어서 요즘 어색해요. 그래도 칭찬받으니까 기분 좋아요. 그리고 엄마가 저를 위해 노력한다는 거 알아요. 그래서 좋아요."

한주와 엄마의 변화는 아빠도 반갑다. 예전에는 퇴근길에 엄마의 하소연 전화를 받기 일쑤였고, 집안 분위기가 냉랭해서 살얼음 위를 걷는 거 같았는데 요즘은 한주 얼굴도 편해졌다고 한다.

"옛날에는 아이가 항상 피곤해하고 쫓기는 거 같았는데 스스로 여유를 찾은 것 같아요."

학원에 관한 생각은 어떻게 달라졌을까? 엄마는 "학원은 그냥 플러스알파가 돼야지 메인이 될 수 없는 것 같아요."라고 답했다.

학원 끊기 프로젝트를 하고 한주네 집은 학원 숙제에 대한 갈등이 끝났다. 학원에서 하던 공부량에는 미치지 않지만 한주는 꾸준히 자기가 할 수 있는 분량을 해내고 있었다. 엄마의 말에 따르면 옛날에 분량으로 정했을 때는 온종일 앉아서 풀고 있고, 시간으로만 정하면 그냥 그 시간만 채우면 그만이었는데 시간과 분량을 정하니 오히려 진도가 빨라졌다고 한다.

"영어 문법 같은 경우 학원에서 나갈 때는 더 자세히 하기도 하고 단어 암기도 하고 테스트로 하고 하니까 책 한 권 끝내는 데 6개월에서 8개월 걸린 것 같아요. 그런데 학원을 관두고 한 달 동안 문제집 반 정도를 혼자 다 했더라고요. 수학도 학원에서는 여러 권을 한꺼번에 풀어서 그럴 수도 있는데 혼자 공부 시작하고는 한 달에 문제집 반 정도를 풀었어요. 두 달이면 한 권을 끝내잖아요."

엄마는 밝아진 한주의 모습이 반갑다. 생각보다 잘하고 있고 계획을 세우고 그 계획에 따라 잘 하고 있다고 지금처럼 꾸준히 하면 될 거 같다고 안도했다.

학원이 싫지만 안 다니면 혼자만 뒤떨어질까 봐 불안해서 다닌다던 한주는 학원만이 길이 아니라 자신에게 맞는 공부법을 찾아가면 된다는 걸 깨달았다고 한다.

"공부에 조금 자신감이 생겼어요."

책상 앞에 앉아 꾸벅꾸벅 졸기만 했던 한주가 한 달 사이에 놀랍게도 확 달라졌다. 스스로 정한 시간까지 집중 공부 완료! 한주의 학원 끊기 도전은 제법 순항 중이다.

●── 학원 끊기 프로젝트를 마치며

우리는 아이의 학습 때문에 고민하는 많은 부모의 사연을 받았고, 그중 세 아이와 학원 끊기 프로젝트를 함께했다. 학원을 끊고 아이들은 자기만의 시간을 가졌다. 학원은 버텨야 하는 곳이고 가기는 싫다 했으면서도 학원을 관두는 것에 불안해하던 아이들. 학원을 끊는 것도 용기가 필요했다.

빡빡한 학원 스케줄과 엄마표 스케줄에 따라 공부하던 초등학교 5학년 민준이. 하지만 민준이는 책상에 앉아 있는 것조차 힘들어했고, 엄마는 하나에서 열까지 챙기는 매니저 노릇에 지쳐 가고 있었다.

학원도 잘 다니고 학원 자체 시험도 괜찮아 기대했던 중학교 2학년 승현이는 예상 밖으로 낮았던 첫 시험 성적 때문에 좌절했다. 2학기 시험에서 만회해야 하는데 불안한 엄마와 달리 승현이는 간절함이 부족해 보였다.

상습적으로 숙제를 빼먹어 학원에서 자꾸 연락이 오는 중학교 1학년 한주. 숙제를 힘들어해 숙제가 적은 학원으로 바꾸기까지 했는데 여전한 모습에 엄마는 눈물까지 흘렸다. 혼자 공부해 좋은 성적을 얻었던 아빠는 억지로 가는 학원에 왜 아이를 보내냐며 엄마와 부딪친다.

드디어 세 부모는 자녀의 자기주도학습을 위해 마지막 결단을 내렸다. 그리고 교육 컨설턴트의 체계적인 검사와 상담 후 아이들의 성향에 맞는 맞춤 학습 솔루션을 처방받았다. 그로부터 한 달, 아이들은 어두웠던 얼굴에 웃음이 되살아나고 자신감을 찾았다.

제작진은 학원 끊기 프로젝트가 학원이냐, 자기주도냐 공부의 방식을 이분법으로 나눠 정답을 찾기보다 공부하는 방법이 학원 외에 다른 길도 있다는 것을 깨닫는 계기가 되었기를 바란다.

그리고 프로젝트의 성공 뒤에는 불안을 떨치고 아이에 대해 믿음과 지지, 격려를 해 주셨던 부모님들이 계셨다. 아이들은 달라진 부모님의 모습이 어색하지만 좋았다고 마음을 털어놓았다. 어쩌면 자기주도학습의 열쇠는 스스로 도전할 수 있도록 도와주고 격려하는 부모님일지 모르겠다.

체인지

2부 · 공부방 없애기 프로젝트

공부도 소통도 거실에서

● 공부방 없애기 프로젝트를 시작하며

집집마다 구조는 다르지만 아이가 공부할 시기가 되면 부모들은 비슷한 고민을 한다. 바로 내 아이의 공부방을 어떻게 꾸며 줄 것인가! 남들 따라 좋은 것으로만 채워 준 공부방. 부모들은 이곳에서 열심히 공부하는 아이들의 모습을 꿈꾼다. 하지만 닫힌 방문 속 아이는 공부하는 건지 노는 건지 불안하기만 하다. 우리 아이 공부 공간, 이대로 괜찮을까?

이에 「SBS 스페셜」 제작진은 그동안 자녀 교육에서 제대로 다뤄지지 않았던 공부 공간의 중요성에 대해 주목했다. 공부를 잘하는 아이로 만드는 공부 환경이 따로 있다는데 그것은 바로 거실 공부!

이에 망설이던 부모들이 용감한 선언을 했다. 바로 자녀의 공부방을 없애고 거실 공부에 도전하겠다는 것. 공부 환경의 혁신을 가져올 특별한 자녀 교육실험 '공부방 없애기 프로젝트'가 시작된다.

01

거실 공부의
마법

아이가 초등학생이 되면 많은 부모님이 아이에게 공부방을 만들어 준다. 그전까지 거실에서 놀이와 공부를 구분하지 않고 함께하다가 공부에 좀 더 집중해야 할 필요가 있다 느껴질 때쯤에 아이에게 따로 방을 만들어 예쁜 책상과 침대를 들여놓고 책장에 가득 책을 꽂아 준다.

아무래도 거실에는 아이를 유혹하는 것들이 많다. 텔레비전도 보고 싶고 동생들과 장난도 치고 싶고, 엄마가 주방에서 음식을 준비하면 무슨 요리하는지 궁금하기도 하다. 그래서 부모들은 아이가 공부방에 들어가 책상에 반듯하게 앉아 공부에 집중하기를 바란다. 하지만 아이는 공부방에 들어가면 답답해하고 부모는 방에서 아이가 무엇을 하고 있는지 알 수가 없으니 역시 답답하다.

미국 카네기 멜런 대학교(Carnegie Mellon University) 심리학과 안나 V. 피셔(Anna V. Fisher) 교수는 교실의 시각적 환경이 아이들의 배움에 어떤 영향을 미치는지 알아보는 실험을 진행했다. 연구 팀은 교실 3곳은 장식과 소품이 많은 환경으로, 또 다른 교실 3곳은 거의 장식하지 않은 환경으로 조성해 수업했다. 수업이 끝난 뒤 실험 참가 아동들을 대상으로 조사한 결과 화려한 장식을 한 교실에서 공부한 아이들은 정답률이 42%였고, 장식이 없는 교실에서 공부한 아이들은 정답률이 55%였다. 즉 아이가 어떤 환경에서 공부하느냐에 따라 아이의 집중력이 달라진다는 것을 이 실험을 통해 알 수 있다.

이병훈 교육 컨설턴트도 공부가 힘들다고 하면 공부부터 시작하지 말고 이불 정리부터 시작하라고 한다. 학습 환경에 있어서 방해 요인들을 제거하는 게 공부의 시작이라는 것이다.

"책상에 앉았을 때 오만 잡동사니가 다 보이고 프린트물, 유인물, 교재, 필기도구, 화장 도구, 온갖 책들이 다 펼쳐져 있고 옆에는 컴퓨터, 뒤에는 침대가 놓여 있다면 아이들이 이런 상황을 이겨 내고 공부하기는 어려워요. 내가 책상에 앉았을 때 공부할 책과 필기도구만 딱 있고 다른 것들이 시야에 들어오지 않도록 환경 관리부터 해야 합니다."

교육 컨설턴트들은 어떤 환경에서 공부하느냐에 따라 아이들의 성적도 달라진다고 강조한다.

도쿄대학교 학생들의 공부 비법, 거실 공부

공부 환경과 관련된 많은 연구 중에서 제작진의 관심을 끈 것은 도쿄대학교 학생들을 대상으로 했던 조사였다. 도쿄대학교 학생들에게 학창 시절 어디서 공부했는지 물었는데, 학생들 중 74%가 초등학교 때 거실에서 공부했고 일부는 중·고등학교 때에도 거실에서 공부했던 것으로 나타났다.

도쿄대학교 문학부에 재학 중인 한 학생은 "무음보다 소리가 조

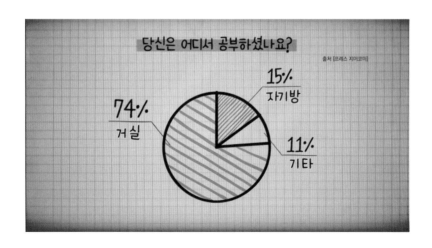

금 있는 편이 저에게는 공부하기 좋아서 거실에서 공부했어요."라고 응답했고, 도쿄대학교 농학부에 재학 중인 다른 학생은 "제 방에서 공부하면 게으름을 피우기도 하는데 거실에서는 보는 눈이 있으니까요."라고 응답했다. 도쿄대학교 법학부에 재학 중인 또 다른 학생은 "아마 제 방에 있었으면 전혀 공부를 안 했을 거라 생각해요."라고 응답할 정도로 많은 도쿄대학교 학생들이 거실 공부가 공부 비법이었다고 입을 모았다.

4명의 아이를 모두 도쿄대학교 의학부에 입학시켜 화제가 된 사토 료코 씨는 엄청난 자녀 교육 성과로 일본 학부모 사이에서 엄마 전문가로 명성을 떨치며 '사토 마마'라고 불리는데, 그가 말하는 공부 비법이 바로 '거실 공부'였다.

"저는 처음부터 공부방은 일절 만들지 않고 대학 입시까지 거실 공부를 진행했어요. 입시 결과의 기여도에서 거실 공부가 8할이었다고 생각합니다. 아이들 역시 거실 공부가 가장 도움이 되었다고 하더라고요. 그런 환경이 아니었다면 공부하지 않았을 거라고요."

아이를 영리하게 키우기 위해서는 환경의 조성과 습관화가 중요하다는 사토 료코 씨는 거실에서 모여 공부하는 게 공부를 습관화하는 데 가장 좋은 환경이라고 거실 공부의 중요성을 강조한다.

"아이는 부모의 눈이 닿는 곳에서 공부합니다. 공부는 외로운 건데 그 외로운 공부를 혼자 하게 해서는 안 돼요. 아이들은 따뜻한 분위기가 있는 편이 공부하기 좋습니다."

이에 교육 컨설턴트도 "거실에는 가족들이 있다. 넓어서 다양한 것이 있고 그 잡다함 안에서 공부할 때 더 잘 되는 경우가 있지 않냐. 성인이라면 카페에서 일하는 것과 비슷하다."라고 한다.

숭실대학교 정보통신전자공학부 배명진 교수팀의 연구에 따르면, 중학생을 대상으로 백색소음을 들려주었을 때와 그렇지 않은 경우를 나눠 영어 단어를 암기하게 했더니, 백색소음을 들려줬을 때 기억력이 35%나 향상됐다. 흔히 소음은 불쾌감을 주는 소리라고 생각하지만, 백색소음은 집중력을 높이고 마음에 안정을 준다고 알려져 있다.

공부방을 없애라!?

전통적으로 '공부는 방에 가서 해야 한다'고 생각한다. 그래서 아이가 자라 학습이 중요해지는 시기가 오면 공부방을 정성스럽게 마련해 준다. 하지만 공부방은 있지만 아이들은 공부방에서 공부하지 않는다. 오히려 "방에 가서 공부해."라는 말은 아이에게 벌칙처럼 느껴진다. 주인을 잃은 책상은 늘 외롭다. 공부에 집중하라고 아이만의 공부방을 마련해 줘도 공부하는 건지, 딴짓하는 건지 방문을 닫는 순간 의심만 커진다.

공부, 대체 어디서 해야 잘 될까? 공부 공간과 성적 사이의 복잡미묘한 상관관계, 부모들이라면 늘 고민하는 문제다. 뒤죽박죽 공부 환경, 망설이는 동안 아이들은 빨리 자란다. 이제는 굳은 결단이 필요하다. 아이 성적을 올리고 싶다면 공부방을 없애라!

2019년에 「SBS 스페셜」에서는 거실 공부법을 소개한 적이 있다. 그 당시 반응이 뜨거웠고, 당장 거실 공부를 실천하겠다는 사람들의 실천기도 이어졌다. 하지만 더 구체적인 노하우를 알고 싶다는 요청도 있었고, 취지에 공감하나 선뜻 거실 공부를 실천하지 못하는 고민 많은 부모들도 있었다.

이에 제작진은 공부 환경의 혁신을 가져올 특별한 자녀 교육실험인 '공부방 없애기 프로젝트'를 세 가족과 함께했다. 공부 환경 때문에 고민하는 가족들의 지원을 받아 그들의 고민을 듣고 그 고민을 풀 수 있도록 거실 공부의 대모, 사토 료코 씨가 가정에 직접 방문해 거실 공부의 노하우를 아낌없이 나눠 주었다. 그 용감한 실험을 따라가 보자.

02

삼 남매의
공부 공간 만들기
[준혁이네]

초등학교 5학년, 초등학교 2학년, 7살 삼 남매가 사는 준혁이네 는 아이들이 커갈수록 공부 공간에 대한 엄마 아빠의 고민이 깊어 진다. 놀이부터 공부까지 모든 생활을 거실에서 해 왔던 삼 남매. 거실 바닥에는 두꺼운 매트가 깔려 있고, 한쪽 벽에는 텔레비전 대 신 아이들 책이 잔뜩 꽂힌 책장이 있고, 탁구대와 미니 농구 골대도 있다. 삼 남매는 어릴 때부터 자연스럽게 거실에서 책을 읽고 숙제 하고 보드게임도 하고 탁구도 치고 하면서 지냈다.

이런 거실 생활에 변화가 생긴 건 첫째 준혁이가 5학년에 올라가 면서였다. 이제 슬슬 공부에도 신경 쓸 학년이 되어 좋은 책상도 마 련해 주고 방 세 개 중의 하나는 준혁이 공부방으로 바꿔 주었다.

나도 내 책상을 갖고 싶어요!

5학년에 올라가면서 준혁이는 자기 방을 간절히 원했다. 방을 만들어 주고 책상과 침대가 있으면 거기서 생활하겠다고 했다. 다섯 식구가 거실에서 시간을 보내고 안방에서 다 같이 자는 생활을 해 왔기 때문에 이제 슬슬 공간을 분리해야겠다는 생각을 하던 중이어서 먼저 첫째 준혁이에게 방을 마련해 주었다. 5학년이라 공부에 더 집중할 공간이 필요하다는 것도 방을 따로 해 준 이유였다.

두 동생과 준혁이의 입장이 사뭇 달라졌다. 이제 준혁이는 자기 방에서 공부하고 동생들과 놀 때는 거실로 나온다. 둘째 채원이는 오빠 방이 부러워 자기만의 공간을 요구했지만 자신이 생각하던 느낌이 아니다. 채원이의 공부 책상은 엄마 화장대다. 안방 옆에 딸린 작은 드레스룸에 있는 화장대 위를 다 치우고 책상 의자도 주문했다.

처음에는 자기 공간이 생겼다고 여기서 공부도 하고, 그림도 그리고, 종이접기도 하면서 시간을 보내던 채원이는 어느새 슬그머니 거실로 나왔다.

"채원이는 공부할 때 어디서 해요?"

"공부는 소파에서 할 때도 있고, 식탁에서 할 때도 있고, 거실 바닥에 엎드려서 할 때도 있어요."

"불편하지 않아요?"

"소파에 책상이 없어 불편해요."

"책상이 없어요?"

*** 안방 옆 드레스룸, 둘째 채원이의 공간

"있어요. 저기 안방 뒤에 방이 또 하나 있거든요. 드레스룸에 있는 화장대가 책상이에요."

"그러면 거기서는 공부 안 해요?"

"네. 거기 무서워요. 불을 켜도 깜깜해요. 일반 책상보다 살짝 안 좋아요. 원래 화장대여서 진짜 책상이랑 달라요."

"채원이도 진짜 책상 갖고 싶어요?"

"네."

막내 지원이도 언제쯤 자기 방 차례가 올까 하고 서운하다.

"저는 방이 없어서 거실 소파에서 공부하는데 조금 슬퍼요. 제 방에서 공부하고 싶어요."

자기만의 공간이 생기기는 했지만 왠지 들어오고 싶지 않은 곳이 된 채원이의 아지트. 결국 두 자매가 자연스레 모이는 곳은 거실이다. 책상이 없어 엎드려서 공부할지언정 거실이 마음 편하다.

준혁이네는 방이 세 개인데 하나는 안방, 또 하나는 준혁이 공부방, 그리고 세 남매의 장난감과 온갖 잡동사니가 쌓여 있는 방이다. 곧 지원이도 초등학교에 들어갈 거고, 안 쓰는 물건들을 정리해서 그 방을 채원이와 지원이가 쓰게 할까 생각 중인데 둘째의 반대가 만만치 않다.

"둘째는 엄청 깔끔하고 꼼꼼한 성격이고 셋째는 진짜 막 어지르고 덜렁대는 성격이거든요. 몇 번 저쪽 방을 정리해 줄 테니 같이 쓰라고 했는데 싫대요. 안방에 가벽을 치고 방을 나눠 줘야 하나 이런 생각까지 해요. 제일 좋은 건 방 네 개인 집으로 이사하는 건데 그게 쉽나요."

삼 남매의 공부하는 모습

자기 방이 생긴 준혁이는 애초 생각대로 방을 잘 쓰고 있을까? 제작진은 카메라를 설치하고 준혁이네 삼 남매의 모습을 관찰했다. 학교가 끝난 후 거실에 편한 자세로 큐브를 한참 갖고 놀던 준혁이가 방으로 들어간다. 식탁에서 지원이는 문제집을 풀고 있고, 육아 휴직 중인 아빠는 저녁 준비가 한창이다.

얼마나 시간이 지났을까? 준혁이가 방에서 나와 식탁 위에 있는 연필을 챙겨 다시 방에 들어간다. 잠시 후 지원이도 오빠 방으로 들어가 책상에서 무언가를 가지고 나온다. 학원을 마친 둘째 채원이도 집에 오고 엄마도 퇴근해 드디어 온 가족이 모인 준혁이네는 식탁에 둘러앉아 저녁을 먹는다.

저녁 식사를 마친 후는 어떤 모습일까? 준혁이는 자기 방에서 문제집을 풀고 아빠는 채원이랑 지원이와 거실에서 보드게임 중이다.

"지원아, 넌 무슨 색 할 거야?"

"주황색."

"주황색 없는데?"

"그럼 노란색."

"아빠는 빨간색. 어떻게 하는지 알지?"

게임을 하는 소리에 이끌리듯 준혁이가 방에서 나온다.

"나도 하면 안 돼?"

"넷이서는 못 해."

"할 수 있어."

준혁이까지 게임에 끼어들었다. 어느새 엄마도 옆에 앉아 게임판을 들여다본다.

"그렇지. 그렇지. 그렇게 하는 거야."

사이좋게 게임을 하나 싶었는데 분위기가 심상치 않다.

"언니가 질 것 같은데."
"오빠가 먼저 한다."
"아빠 차례잖아."
"아, 빨리하세요."
"저 빠질게요."

게임이 잘 안 풀리는지 채원이가 샐쭉해져 게임에 빠진다고 선언한다. 그러자 승기를 잡고 있던 준혁의 소리가 높아진다.

"그런 게 어디 있어. 일단 해!"
"나 안 할 거야."

채원과 준혁의 싸우는 소리에 아빠가 게임 종료를 선언한다.

"또 싸워? 자, 그만하고 공부 좀 하자."

순식간에 거실 분위기가 정리된다. 채원이는 한자 학습지를 꺼내
와서 소파에 엎드려 책을 편다. 지원이도 책장에서 책을 꺼내 소파
에 앉아 무릎 위에 책을 편다.

"준혁이는 수학책 가지고 방으로 와."

준혁이는 아빠와 함께 방으로 들어간다. 오늘의 수학 선생님은
아빠다. 아빠가 수학을 가르치는 소리가 거실까지 들린다. 거실 소
파 위에 지원이는 앉아서, 채원이는 개구리 자세로 누워서 책을 보
고 있다. 책을 읽던 채원이가 준혁이 방으로 들어가 영어책을 꺼내
온다. 이내 책 읽기에 흥미를 잃었는지 지원이는 스케치북을 꺼내
와 그림을 그린다.

다시 준혁이 방에 들어가 책을 꽂고 나온 채원이는 지원이랑 나
란히 앉아 그림을 그린다. 그림 그리기도 싫증이 났는지 둘은 이번
에 피아노를 친다. 방 안에서는 준혁이가 아빠와 수학으로 씨름하
는 동안 동생들은 수시로 방에 드나든다.

집에서 제일 편한 공간은 거실

삼 남매에게 집에서 어느 공간이 제일 편하냐고 물으니 다들 '거실'이라고 입을 모아 대답한다. 워낙 어릴 때부터 거실에서 함께 생활한 탓일까? 준혁이도 따로 방이 생겼지만 밖에서 나는 소리에 신경이 쓰이는 모양인지 공부하다가도 자꾸 밖에 나와 본다. 동생들도 방 안에서 오빠가 뭘 하나 궁금한지 자꾸 방에 드나든다.

차라리 익숙하고 넓고 편한 거실에서 공부하는 건 어떨까? 준혁이네는 거실 서재를 시도해 본 적이 있다고 한다. 몇 년 전 너무 텔레비전만 보는 것 같아 텔레비전을 안방으로 옮기고 빈자리가 허전해 책장을 놓았다. 아이들 책이 점점 늘어나 정리할 필요도 있었다. 그러다 보니 자연스럽게 거실이 서재로 꾸며졌다. 이렇게 된 거 공부도 하면 어떨까 해서 커다란 책상도 놓으려고 했지만 놀이 공간이 줄어든다는 아이들의 반대로 책상은 놓지 못했다.

"한 이삼 년 전부터 거실을 서재로 바꾸고 공부하는 걸 생각했었는데 아이들이 어려서 그런지 거실에서 공부를 안 하더라고요."

준혁이 부모님은 셋째도 곧 학교에 가니 공부를 해야 하는 시기인데 세 아이에게 각자 방을 만들어 줄 수도 없는 노릇이고 아이들에게 가장 익숙하고 편한 거실을 활용할 수 없을까 계속 고민 중이

라고 한다. 하지만 쉽게 결정을 내리지 못하는 이유는 뭘까?

"셋이 성향 차이가 나요. 셋이 안 맞으면 공부가 안되잖아요. 또 셋 다 앉아서 딱 공부하는 것도 아니고 한 명이 떠들면 나머지는 방해받을 수 있고. 만약 거실을 공부방으로 한다 했을 때 어떻게 꾸며야 효과적일지도 모르겠고요."

준혁이네처럼 형제가 많거나 동생과 나이 차이가 크게 나는 집에서는 거실 공부가 효과적이라는 얘기를 들어도 쉽게 결정을 못 하는 게 한 아이라도 공부에 집중을 못하면 전부 분위기가 흐트러질까 봐서다. 아이가 많으면 각자 공부방을 만들어 주기 어렵고, 다 같이 모여서 공부하게 하면 서로가 방해될까 봐 걱정이고… 방 개

수가 부족할 경우, 넓은 집에 이사 가지 않고도 문제를 해결할 수 있는 좋은 방법이 없을까?

03

맞벌이 부부의 거실 이용법
[지아네]

3학년인 지아와 1학년인 솔아의 집에는 소파 앞에 작은 책상 두 개가 놓여 있다. 책상이라고 하지만 진짜 책상이 아니라 소파 옆에 두는 작은 탁자다. 소파 앞 작은 탁자에서 지아와 솔아 자매는 공부도 하고, 간식도 먹고, 밥도 먹고, 책도 읽고, 텔레비전도 보고, 놀이도 한다. 거의 모든 것을 이 작은 책상에서 해결한다. 소파는 주방에서 엄마가 아이들이 한눈에 보이는 자리다. 주방에서 집안일을 하던 엄마는 한 번씩 고개를 들어 아이들에게 필요한 게 없는지 확인한다.

아이들 공부방이 없는 것은 아니다. 아이들이 공부할 수 있게 책장을 넣고 넓은 테이블도 두 개나 놓고 공부방을 만들었다. 하지만

아이들은 학습지 선생님이나 방문 선생님이 오실 때만 공부방에 가지 거의 모든 생활을 거실에서 한다.

소파에서 모든 걸 하는 아이들

아무래도 아이들이 초등학교 저학년이라 엄마가 계속 지켜보고 챙겨 줘야 하는데 집안일을 하다가 아이들이 찾을 때마다 공부방에 갔다 오는 게 동선이 불편하다 보니 궁여지책으로 거실에서 아이들이 생활하게 된 것이다.

"공부방과 거실을 나눴었는데 공부방에서 아이들이 혼자 하려고 하지 않더라고요. 자꾸 엄마를 찾는데 저도 해야 할 일이 있으니까 아이가 부른다고 바로 갈 수가 없었어요. 엄마가 불러도 빨리 안 오니 애들이 점점 밖으로 나오고 언젠가부터는 소파에 앉아서 숙제도 하고, 책도 읽고 하는 거예요. 그런데 무릎 위에 책을 펴고 하는 게 불편해 보여서 어쩌지 했는데 마침 지인 집에 갔다 좁은 탁자를 보고 이 정도 크기면 딱 좋겠다 싶어서 아예 소파 앞에 그만한 크기의 탁자를 놓았죠."

좁은 탁자는 책상이면서 식탁이면서 휴식 공간이다. 저녁에 출근해야 해서 서둘러 집안일을 마쳐야 하는 엄마로서는 가사를 돌보며 아이들을 살피는 게 가장 편한 위치가 소파였다.

"어쩔 수 없이 타협했어요. 빨리빨리 먹을 것도 줘야 하고 숙제도 봐 줘야 하니까요."

바쁜 엄마가 아이들 공부방까지 오가는 시간을 줄이기 위해 묘책을 생각하다 소파 앞에 작은 책상 두 개를 놓게 된 것이다. 이렇게 한 지 어느새 2년쯤 된다고 한다. 거실에서 생활하는 것이 집에서 거실이 제일 넓어 아이들이 답답해하지 않고 엄마 아빠가 아이들 시선에 닿는 위치에 있으니 아이들도 엄마 아빠도 만족스럽긴 하다.

"혼자 공부하는 게 외롭잖아요. 항상 밖에서 무슨 일이 있을까 궁금하고요. 엄마가 딸그락거리는 소리도 들리고…. '엄마, 이거는 어떻게 해야 해?'라고 물을 수도 있고 그러면 조금 덜 외롭지 않을까요? 저희도 고개만 돌리면 아이들이 뭘 하는지 보이니까 서로 안정감을 주는 것 같아요."

거실 공부에 대한 아이들의 생각은 어떨까?

"거실에서 공부도 하고 아침에는 식탁으로 써서 밥도 먹고 그래요. 공부하다 어려우면 엄마한테 물어볼 수 있고, 숙제 검사도 바로받을 수 있어요. 공부방에서는 공부하다 물어볼 게 생기면 엄마한테 가다가 까먹어요."

지아와 솔아는 집에서 제일 좋아하는 공간이 거실이라고 한다. 공부방은 공부방이 아니라 '놀이방'이라며 오히려 놀 때 공부방에서 하는 게 더 좋다고 말한다.

"게임을 하거나 놀 때는 공부방에서 하는 게 좋아요. 공부방에 책도 있고, 장난감도 있으니까요. 솔아가 좋아하는 탐정 놀이나 보물찾기 놀이도 여기서 해요."

공부방은 놀이방이고, 거실이 공부방이라는 지아네의 거실 사용을 관찰했다. 방과 후 지아와 솔아가 돌아오자 손을 씻고 소파 앞에 앉는다. 영어 학원에 가기 전 지아와 솔아는 작은 책상에 앉아 숙제한다. 엄마는 주방에서 서둘러 간식을 준비해서 아이들에게 가져다준다. 간식을 먹으며 숙제를 마친 아이들은 시간이 남는지 방에 가서 장난감을 가지고 나와 놀다가 다시 정리하고 학원 가방을 들고 나간다.

아이들이 나간 사이 엄마는 방에서 노트북으로 수업 자료를 만든다. 아이들이 학원 간 시간이 엄마가 일할 수 있는 시간이다.

오늘은 방문 독서 수업 선생님이 오시는 날이다. 언니 지아가 먼저 공부방으로 들어가 수업하고, 동생 솔아는 밖에서 텔레비전을 보고 있다.

"솔아야, 텔레비전 소리 좀 줄일래?"

지아의 수업이 끝나자 이번에는 솔아 차례. 그 사이 지아는 책상 위의 책을 정리하고 저녁을 먹는다. 후식을 먹는 동안 엄마는 서둘러 숙제 채점을 한다. 엄마 옆에서 토마토를 먹으며 지아는 그날 학원에서 있었던 일을 얘기한다. 수업을 마치고 나온 솔아도 소파에 합류한다.

앉아서 놀던 아이들은 금세 소파에 눕는다. 어느새 아이들은 텔레비전에 빠져든다. 공부 공간을 거실로 가져오기는 했지만, 원래 거실의 기능도 여전히 남아 있다. 눈앞에 트램펄린 있으니 한번 뛰어 보고 싶고, 텔레비전도 틀어 보고 싶고, 한번 틀면 계속 켜 놓게 된다.

슬슬 불편해지는 거실 소파

거실 소파가 푹신해서 좋다는 지아지만 요즘 소파가 조금씩 불편해지고 있다.

"전에 아파서 소파에 누웠거든요. 그런데 솔아가 자기도 눕겠다고 하는데 우리가 키가 커지니까 둘이 눕기에 소파가 안 맞아요. 그리고 솔아가 공부할 때 힘들어해서 쿠션을 놔 줘야 해요."

지아 부모님도 거실이 공부하고 생활하는 데는 편하고 만족스럽지만 요즘 슬슬 뭔가 변화를 줘야 하는 게 아닌가 고민이라고 했다. 아이들이 자라니 지금 사용하는 책상은 너무 비좁고, 소파에 앉는 자세가 좋지 않아 몸에 무리를 줄까 봐 걱정이다. 지금이야 숙제 양이 많지 않아 짧게 할 때는 괜찮지만, 점점 숙제가 많아지고 책상에서 공부할 시간이 늘어나면 불편한 자세로 오래 앉아 있을 수 없으니 바른 자세로 공부할 수 있게 뭔가 대책을 세울 필요가 있었다. 관찰 카메라에도 엄마가 수시로 아이들에게 자세를 바르게 하라고 이야기하는 장면이 포착되었다. 또 거실에 텔레비전이 있으니 텔레비전을 보면서 간식을 먹고, 밥을 먹고, 숙제를 하는 것도 걱정이다.

"아이들이 커 가니 아이들 방을 만들어서 침대도 놓아 주고 책상도 꾸며 주고 자연스럽게 분리를 해야 하나 싶다가도 공부방을 꾸며 줬어도 들어가지 않는데, 새로 방을 준다고 애들이 자기 방에 들어갈까 싶기도 해요. 지금도 잠은 다 같이 안방에서 자거든요."

아이들만 거실을 좋아하는 게 아니라 엄마 아빠도 방에서 혼자 작업하는 것보다 거실 옆 식탁에서 작업하는 게 오히려 집중이 잘

된다고 했다. 그래서 거실을 스터디 카페처럼 만들고 싶어 커다란 책상을 놓아 봤지만 오히려 거실이 지저분해져 책상은 다시 방으로 들어갔다.

맞벌이인 엄마 아빠도 아이들을 돌보기에 거실이 편하고, 지아 자매도 부모님과 가까이 있을 수 있는 거실이 좋고 거실에서 공부가 더 잘되는 느낌이다. 거실 공부가 대안인 건 알겠는데 어떻게 해야 좀 더 효율적으로 할 수 있을까?

04

방으로 들어간
사춘기 자녀
[지우네]

지우가 초등학교 고학년이 되면서 고학년의 특혜 혹은 상징처럼 지우의 공부 공간은 자기 방에 따로 마련됐다. 지우 방은 거실과 가장 먼 복도 끝 방으로 책상과 침대가 깔끔하게 놓여진 방이다. 둘째가 학교에 들어가고 둘째 공부도 시켜야 하니, 첫째 지우는 자기 방으로 들어갔다. 마침 코로나19로 인해 집에서 원격 수업을 하게 되어 독립된 공부방이 필요하기도 했다.

그전까지만 해도 거실에서 공부도 하고 놀기도 하던 지우는 온라인 수업과 함께 독립된 공부방으로 들어갔다. 그런데 지우가 공부방으로 들어간 후 엄마와 지우 사이가 어긋나기 시작했다. 원인은 핸드폰이었다.

초등학교 때만 해도 지우네는 핸드폰 사용이 자유로웠다. 단, 거실에서만 사용하고 방에는 가지고 가지 않는다는 규칙만 있었다. 거실에서 핸드폰을 잠깐씩 사용하던 지우는 수업 때문에 노트북, 패드, 핸드폰을 다 들고 방으로 들어갔다.

"노트북으로 수업 듣고, 핸드폰으로 과제 올라오는 거 확인해야 하고, 애들하고 조 짜서 과제를 하면서 파일을 주고받고, 패드로 과제 작업을 해야 한다고 세 개가 다 필요하다 하더라고요. 그래서 방으로 자연스럽게 들고 가더니 요즘은 그냥 핸드폰을 끼고 있어요. 영어 숙제를 하는 데 핸드폰이 필요하다나요."

수업에 필요하다니 사용을 허락했는데 엄마는 영 불안하다. 사춘기가 시작된 중학교 1학년 지우와 엄마의 전쟁이 시작되었다.

방 안에서 뭘 하는 건지 불안한 엄마

엄마는 지우가 방으로 들어간 후 스마트 기기에 신경을 뺏겨 공부에 집중을 못하는 건 아닌지 늘 촉각을 세우게 된다. 식탁에서 공부하는 둘째야 행동 파악이 되는데 지우는 거실에 나와 있으면 들어가 공부하라 하게 되고, 막상 들어가 있으면 제대로 공부하고 있는지 걱정이 된다.

"빨래를 가져다 놓는다거나 청소를 한다거나 해서 방에 한 번씩 들어가게 되잖아요. 그러면 책상 위에 펼쳐진 책이 눈에 들어오는데 페이지가 바뀌지 않아요. 책 밑에 핸드폰을 두고 있다가 몇 번 걸리기도 했고요."

정정당당하게 공부하면 핸드폰을 밖에 꺼내 놓고 단어 검색을 하거나 할 텐데 핸드폰을 책 밑에 숨기고 보는 건 딴짓하는 게 아닌지 의심이 든다. 미심쩍기는 하지만 감시하는 것 같아 안 가려고 하는데 한 번 의심이 생기니 자꾸 방에 가게 되고 아이도 엄마도 서로 기분이 나빠지는 상황이 반복되었다.

"하루는 방에 들어갔더니 아이가 손으로 뭘 툭 하고 치니까 책상 밑에 있는 가방으로 툭 떨어지는 거예요. 내가 잘못 본 건가 싶게 순식간이었어요. 혹시 핸드폰이냐 했더니 아니래요. 그런데 가방을 여니 거기에 핸드폰이 있는 거예요. 이 일로 한 사흘은 싸운 것 같아요."

요즘 아이들이 학원 다니고 하니 핸드폰으로 연락을 주고받을 수밖에 없는 건 이해가 되지만 엄마 몰래 밤 12시가 넘어서까지 메신

저를 하는 건 이해할 수가 없다.

"핸드폰 요금제를 바꿔야 하니 엄마가 보면 안 될 거는 다 지우고 핸드폰을 두고 가라고 했어요. 그런데 밤 12시 15분에 메신저 한 걸 미처 지우지 않고 하나가 남아 있던 거예요. 핸드폰 때문에 저랑 싸우고 밤에 공부한다고 방에 들어가서 핸드폰으로 메신저를 한 거죠. 다음 날 그 얘기를 했더니 엄마는 안 본다고 하고 왜 봤냐고 화를 내더라고요. 그래서 또 싸웠어요."

공부하는 척하면서 몰래 핸드폰을 쓰지 말고 거실에 나와서 자유롭게 쓰라고 해도 아이는 책상에 앉아 몰래 하는 상황이 엄마는 못마땅하다. 엄마는 핸드폰 사용으로 인해 자꾸 아이와 부딪히니 서로 감정이 상해서 별일 아닌 거로도 자꾸 부딪히는 게 힘들다고 했다. 밥 먹고 양치하는 것까지도 화가 날 정도였다. 더 서운하고 속상했던 건 아이의 반응이었다.

"자꾸 부딪히니까 좀 따로 살아 보자 했어요. 그랬더니 공부 때문에 엄마랑 자꾸 싸우니 자기가 공부를 접겠대요. 보통은 열심히 하겠습니다 했거든요."

초등학교 때부터 반장을 도맡아 할 만큼 리더십도 뛰어나고 어려운 학원 공부도 곧잘 따라갔던 지우에 대해 엄마는 기대가 컸다. 하지만 사춘기가 된 후 사사건건 부딪치니 엄마는 더 속이 상한다.

자기를 못 믿는 게 억울한 아이

한편 핸드폰을 오래 사용한다며 자신을 믿지 못하는 엄마의 지적에 지우도 억울하다. 엄마한테 혼나서 메신저도 지웠고, 핸드폰 게임도 안 하고, 유튜브도 축구 경기 하이라이트를 가끔 보는 게 전부라고 했다. 학원 영어 숙제를 할 때 QR 코드로 들어 봐야 해서 그때만 핸드폰을 사용하고 밖에 둔다고 했다.

"저는 핸드폰을 거의 안 보는 거 같은데 엄마는 제가 핸드폰을 너무 많이 한다고 생각하세요. 엄마랑 저랑 기준이 다를 수도 있긴 한데 방 안에 있는 시간이 1시간도 안 될 텐데 1시간 내내 핸드폰을 보는 것도 아니고요. 심지어 나머지는 핸드폰을 밖에다 두고 공부하거든요."

"그런데 왜 엄마는 지우가 핸드폰을 많이 쓴다고 오해하고 계실까? 문제집 밑에 핸드폰을 두고 몰래 쓰는 걸 보셨다고 하시던데?"

"초등학교 5학년 때 장기 두는 걸 좋아해서 핸드폰으로 몰래 게임을 하다 엄마한테 들킨 적이 있어요. 그 후로는 안 보는데 엄마는 신뢰가 깨졌다고 계속 의심하고 계신 거 같아요."

얘기하면서 지우는 아주 섭섭했는지 눈물까지 글썽인다. 지우도 엄마와 자꾸 싸우게 되는 상황이 속상하다. 차라리 공부를 못했으면 안 싸우지 않았을까 하는 생각까지도 든다고 한다.

"엄마 때 공부하는 방식이랑 저랑은 다를 텐데 엄마 방식으로만 요구하세요. 공부하는 방식이 잘못됐다고 알려 줄 순 있지만 제 방식을 인정하지 않고 아예 바꾸는 건 안 했으면 좋겠어요."

공교롭게도 관계가 어긋나기 시작한 건 지우가 자기 방에서 공부하기 시작한 이후부터다. 방문 너머 아들은 나날이 낯설어져 간다. 이미 자기 방 공부에 익숙해진 데다 엄마와의 갈등이 깊어진 사춘기 자녀가 있는 가정에서도 과연 거실 공부가 마법의 솔루션이 될 수 있을까?

05

아이 넷을 도쿄대학교에 보낸 비결, 거실 공부

부모들이 생각하는 아이들의 이상적인 공부 자세는 무엇일까? 저녁을 먹고 나서 자기 방으로 재깍 들어가 허리를 꼿꼿이 편 채 책상에 앉아 연필을 들고 열심히 문제집을 푸는 모습이 아닐까? 그래서 많은 부모가 초등 저학년 때만 해도 거실에서, 안방에서 자유롭게 아이와 지내다가 고학년이 되면 학습에 집중할 수 있도록 공부방을 만들어 준다.

그런데 한국 못지않게 교육열이 높기로 소문난 일본에서 공부방을 없애고 거실에서 공부하자고 주장하는 엄마가 있다. 바로 사토 료코, 일명 사토 마마다. 자녀 네 명을 모두 일본 최고 명문 도쿄대학교 의학부에 보낸 사토 료코 씨는 입시 성공의 비결로 '거실 공

사토 료코
자녀 모두 명문대에 보낸
거실 학습 전문가

부'를 꼽는다. 사토 료코 씨네 자녀들만이 아니다. 도쿄대학교 학생들의 74%가 거실에서 공부했다고 대답했다는데, 대체 거실 공부는 무엇일까? 우리는 거실 공부의 대모 사토 료코 씨를 만나 거실 공부에 대한 조언을 들었다.

거실 공부의 대모, 사토 마마를 만나다

"거실 공부란 말 그대로 거실에서 식사를 마치면 아이들이 숙제나 공부할 것을 가져와 부모 곁에 앉아 공부하는 걸 말해요. 아이들이 자라면 혼자서 공부하고 싶다며 자기 방으로 숨어 버리죠. 저는 그게 좋지 않다고 생각해요. 그래서 거실에서 공부하는 게 아니라 거실을 아예 아이의 공부방 삼아 거실에서 공부를 시켰어요. 아이의 방을 없앤 거죠."

사토 료코 씨는 아이는 기본적으로 공부를 싫어하고, 게으름을 피우고 거짓말도 하는 꽤 까다로운 생물이라며 웃음을 터뜨린다.

"그 까다로운 아이들을 어떻게 공부시켜서 대학, 그것도 도쿄대학교에 보낼 수 있었나요?"
"아이는 부모의 눈이 닿지 않는 곳에 있으면 절대로 공부하지 않으니 부모의 눈이 닿는 곳에서 공부를 시키는 것이 가장 좋은 방법이죠. 저희는 아이가 넷이지만 공부방을 전혀 만들지 않았어요. 방으로 들어가면 부모의 눈이 닿지 않게 되기 때문에 제대로 공부하고 있는지 모르게 됩니다."

사토 료코 씨는 공부는 외로운 일인데 거실에서 놀다가 가족들을 뒤로하고 혼자만 공부방으로 들어가는 건 아이를 더 외롭게 한다고 말한다. 아이는 외로우니까 핸드폰을 보거나 게임을 하게 되고 결국 자기 공부방으로 가는 건 방에 틀어 박혀 공부와 멀어지게 하는 일이라고 강조한다. 즉 가족들과 같은 공간에서 외롭지 않게 공부할 수 있게 해 주는 게 거실 공부의 핵심이다.

"하지만 거실에는 소파며 텔레비전이며 유혹이 너무 많지 않나요?"

"옆에서 텔레비전 소리가 나는데 공부를 할 리 없죠. 텔레비전이 있으면 무심코 보게 되니까 아무래도 공부가 되지 않을 겁니다. 그래서 저희는 텔레비전을 2층으로 올렸어요. 안락한 소파는 과감하게 버리고요. 거실이었던 흔적을 찾지 못할 정도로 거실을 아이들 공부방으로 바꿨어요. 아이들은 거실에 책상 네 개를 나란히 두고 모여서 공부했어요."

왜 거실 공부일까?

사토 료코 씨는 거실에 있던 텔레비전과 소파를 치우고 식사를 할 수 있는 테이블만 남겼다. 그리고 주방에서 요리할 때 아이들을 지켜볼 수 있는 위치에 아이들 책상 4개를 두었다. 아이들 처지에선 엄마의 시야에 들어 있으니 공부를 안 할 수가 없고, 모두 함께 공부하는 분위기니 네 명 중 한 명이 공부하기 싫다고 말할 수 있는 분위기가 아니다.

"아이들은 환경에 영향을 받으며 자라요. 놀기 좋은 환경이면 역시 공부하지 않게 되죠. 아이를 영리하게 기르기 위해서는 환경의 조성과 습관화가 중요해요. 이 두 가지가 갖추어지면 아이는 공부

하게 됩니다."

거실에서 밥을 먹고 놀다가 갑자기 방에 가서 공부하려면 심적 허들이 매우 높다. 모두와 있던 편한 공간에서 공부해야 하는 옆방으로 가는 동선이 조금이라도 길면 공부를 시작하기 어렵다. 하지만 거실 공부법을 활용하면 노는 곳 바로 옆에 책상이 있으니 놀다가 바로 책상에 가서 노트와 연필을 잡을 수 있으므로 공부하려는 마음이 바로 들게 된다. 즉 공부를 열심히 해야겠다는 각오로 공부방에 들어가 공부하는 게 아니라 일상생활 속에 공부가 있다는 느낌을 주는 것이 거실 공부다.

"거실 공부법은 노는 것과 일상생활 사이의 허들이 사라지게 하는 게 가장 큰 장점이에요. 숨 쉬듯 자연스럽게 공부하는 거죠. 열심히 하지 않도록 공부하는 게 중요합니다."

열심히 공부하지 않는 게 공부를 잘하는 비결이라는 사토 료코 씨. 즉 열심히 하겠다는 단단한 각오는 꾸준히 이어지기 어렵지만 일상 속에 공부가 있으면 놀다가도 어느샌가 공부하게 된다는 것이다.

아이들이 어릴 때 식탁에서 식사한 후 엄마가 정리하고 설거지하는 동안 아이들은 노트나 문제집을 가져와 식탁에 앉아서 하다가 무언가 좀 더 공부하고 싶다는 생각이 들면 각자 본인의 책상으로 가서 공부하는 게 일상이었다고 한다. 엄마가 '공부해라' 하고 잔소리할 필요도 없고 아이들도 '공부하기 싫다'는 생각을 할 겨를을 주지 않는 게 거실 공부다.

하지만 사토 료코 씨가 거실 공부를 제안하는 것은 단순히 아이들 성적을 올리기 위해서만은 아니다.

"저는 아이가 자라서 그때 엄마 아빠 형제자매와 함께 지낸 18년이 재미있었다고 추억하는 양육을 하고 싶었어요. 실력이나 점수를 높이는 것도 중요하지만 이건 나중 단계로 가장 중요한 건 웃음입니다. 부모가 웃고 아이도 웃는 것이 가장 훌륭한 환경인 거죠. 부모도 아이도 웃음을 잃으면 정신적인 안정을 얻지 못하고 성적도 오르지 않습니다."

아이가 자립하기 전 부모가 아이와 함께할 수 있는 시간은 18년 남짓이다. 이 기간에 부모도 아이도 즐거웠던 기억으로 남게 해 주는 게 거실 공부라는 사토 료코 씨의 이야기에 고개가 끄덕여진다.

제작진은 공부 공간을 두고 고민하는 세 가족의 이야기를 사토 쇼코 씨에게 들려주고 맞춤 처방전을 부탁했다.

06

거실 공부
전도사

우리나라 학생들은 뻥 뚫려 있는 거실보다는 꽉 막힌 공간에서 혼자 공부하는 경우가 더 많은 편이다. 제작진이 거리에 나가 어디에서 공부했는지 인터뷰했을 때도 자기 방에서 공부했다는 대답이 많았다.

"거실에 있으면 가족들이 오며 가며 보고 그러니까 차라리 그냥 방에 있는 게 더 나은 것 같아요."

거실은 공부보다는 가족 휴식의 공간이다. 하지만 거실 공부의 장점을 널리 알리고 싶다는 가정이 있어 찾아갔다.

시언이와 주언이네의 주말 아침 풍경

주말 아침, 다들 아직 자고 있는데 거실에서 주언이가 무언가를 하고 있다. 가까이 다가가서 보니 코딩을 하고 있다. 6학년 주언이는 요즘 가장 좋아하는 활동인 컴퓨터 코딩에 빠져 있다.

"뭐 하고 있는 거야? 아침부터."
"놀고 있는네."

이런 일이 익숙한 듯 엄마 성희 씨는 주언이 컴퓨터를 들여다보며 묻는다.

"게임 이름이 '피해랏 공부'야?"
"위에서 떨어지는 숙제나 공부나 학원이나 잔소리 같은 걸 맞으면 죽어."
"지난번보다 엄청 세련되어졌는데. 너 혼자 한 거야?"
"책 보면서 독학했어."
"그럼 넌 코딩 개발자가 될 거야?"
"응."
"너의 꿈을 응원한다."

주언이와 한참 대화하던 엄마는 방으로 들어간다. 방에는 2층 침대가 놓여 있고 늦잠을 자는 첫째 시언이가 보인다.

"일어나 얼른. 일어나. 중1 빨리 일어나."

엄마의 깨우는 소리에 시언이가 벌떡 일어나 앉는다. 침대에서 내려온 시언이가 일어나자마자 향한 곳은 거실의 책상. 책상에 앉자 곧바로 책 한 권을 꺼내 펼친다. 거실에 책상이 놓인 것도 특이한데 책상 방향도 특이하다. 앞뒤로 놓인 두 개의 책상은 주방을 향해 있다.

주언이가 만드는 게임에 관해 이야기를 나누던 엄마가 시언이에게 무슨 책을 읽는지 묻는다. 시언이가 읽고 있는 건 한국사 만

화책.

"시언아, 이야기 한국사 읽어? 무슨 시대?"

"고려 시대."

"지난번에 읽었는데 또 읽어? 고려 시대가 재미있어?"

시언이와 엄마는 고려사에 관해 이야기를 나눈다. 주로 엄마는 질문하고 시연이가 대답한다. 엄마와 아이들의 대화는 아침을 먹으면서도 계속된다. 오늘 아침은 토스트. 아이들은 토스터의 원리에 대해 열띤 토론을 한다. 토론은 토스터와 오븐, 전자레인지의 차이로 넘어가더니 어느새 맛있는 옥수수 고르는 법에 관해 이야기를 나눈다.

"엄마는 이제 알았네. 맛있는 옥수수 고르는 법. 고마워. 다음에 참고해서 옥수수를 골라 올게."

거실 공부를 시작한 이유

엄마 정성희 씨가 거실 공부를 결심한 건 개인적인 경험에서 얻은 큰 깨달음 때문이라고 한다. 6년 동안 특목고 교사를 두 학교에

서 하면서 그때 제자들과 많은 이야기를 나누었는데 공통으로 하는
이야기가 있었다고 한다.

"엄마랑 거실에서 맨날 대화하고 소통하고 책을 읽고 공부하고
했다는 거예요. 꼭 거실에서 공부만 했다는 건 아니지만 자기가 뭘
하고 있는지를 부모에게 자신 있게 보여 줄 수 있는 그런 열린 환경
속에서 공부했고, 자기가 하고 싶은 걸 먼저 표현하면서 자랐다고
이야기하더라고요."

성희 씨는 대화를 가로막는 심리적 장애물을 없애기 위해서는 자
연스럽게 소통이 가능한 거실이 제격이라 생각했다. 자녀 교육에서
제일 중요한 것은 부모와 상호작용을 잘하고 소통을 많이 하고 아
이들이 뭘 원하는지 어렸을 때부터 부모들에게 잘 전달되고 수용이
잘되는 것인데 그러기 위해서는 개방된 공간에서 자라야 하고, 집
에서 가장 개방된 공간이 거실이었기에 거실 공부에 관심을 두게
된 것이라고 한다.

"애들하고 소통해야 하니까 아이들이랑 눈이 맞아야 하고, 누군
가 한 명이라도 뒤돌아 있으면 저랑 소통이 안 되니까요. 일단은 얼
굴 보면서 소통하려는 게 첫 번째 목적이었어요."

시언이와 주언이네는 처음부터 거실에서 공부를 한 건 아니라고 했다. 어릴 때부터 거실에서 활동하고 놀면서 생활했고 커 가면서 자연스럽게 책상이 생겼다고 한다. 아이들은 거실에서 자유롭게 시간을 보내고 엄마는 설거지하다가 학교에서 있었던 일이나 할 일을 묻기도 하고 아이들의 지적인 호기심을 촉발할 질문도 한다.

"아이들에게 오늘 뭐 할 거냐고 물으면 아이들이 뭘 할지 대답을 해요. 그러면 몇 분 할 거니 묻고, 30분 할 거야 하면서 스스로 자기 플랜을 그때그때 세우는 거죠. 게임을 하고 싶으면 게임을 하고, 수학 숙제를 할 거면 수학 숙제를 하고요. 스스로 자율적으로 플랜을 짜서 일과를 진행할 수 있도록 하고 있어요."

거실 공부에 대해 아이들도 만족해했다.

"모르는 문제가 있으면 그냥 조금만 가면 해결돼요. 주언이가 수학을 잘해서 동생한테 물어보기도 하고, 동생도 모르면 부모님께 도움을 청할 수 있고요. 거실 공부에 점수를 매기면 10점 만점에 10점 정도 줄 거 같아요."
"보통 방 같으면 엄마가 방문을 하나하나 열고 말해야 하고 아니면 크게 말해야 하는데 거실은 탁 트여 있으니까 그냥 말해도 잘 들려요. 그리고 영어 같은 거는 나한테 잘 안 맞는데 형이 영어를 잘

해서 형한테 그냥 물어보면 되니까 더 편해요."

모르는 문제도 편하게 물어볼 수 있다는 점에서 아이들도 만족해하지만 부모 관점에서 가장 큰 장점은 사춘기 시기의 자녀와도 대화가 줄어들까 걱정할 일이 없다는 점이라 한다.

"결국 방에 가둬 놨을 때 모든 학부모가 똑같은 걸 경험하시게 될 거거든요. 그때는 지옥이라고 하더라고요. 애들이 대화를 안 하고 무조건 방문 닫고 들어가고 하루에 세 마디밖에 안 한다고요. 거실이라는 열린 공간에서 언제든지 얼굴을 마주칠 수 있는 시간을 함께 보내면서 아이들에게 사랑 표현을 하면 사춘기도 조금 더 편하게 지나가지 않을까요?"

아이들에게 방은 그저 침실일 뿐. 때론 공부를 하고 때론 놀이와 토론을 하는 공간, 거실. 어디에서 공부하느냐, 작은 선택이었지만 그 효과의 차이는 생각보다 더 컸다.

거실 공부를 시도하는 학부모들에게 하고 싶은 말

정성희 씨는 거실 공부가 좋다고 준비되지 않은 아이들을 무조건 밖으로 꺼내 오면 오히려 갈등이 생길 수 있다고 말한다. 어렸을 때부터 거실에서 활동하는 게 익숙해지면 자연스럽게 공부할 수 있는 환경이 되지만, 아이가 독립적인 성향이고 어릴 때부터 혼자 공부하는 게 습관이 되었다면 갑작스러운 거실 공부는 도움이 되지 않는다.

"거실 공부는 공부라는 강박을 버려야 해요. 꼭 공부해야 한다고 생각하면 안 돼요. '아이들이 거실로 나왔을 때 왜 공부를 안 하고 놀지?' 이렇게 생각하면 어려워져요. 공부하는 게 아니라 애들과 소통하고 노는 거로 생각하면서 접근해야죠. 일상 이야기를 하다가 지역명이 나오면 그 지역에 대해 찾아보고, 간식을 먹다가 과학적인 이야기도 해 보고 이런 게 다 공부예요. 거실 공부의 핵심은 소통이니까요."

거실에 책상을 놓고 너희가 몇 시간이나 공부하는지 보겠다는 '감시'가 목적이 되어서는 안 된다고 강조한다. 요즘 가족들은 아침에 학교 가는 뒷모습만 보고 저녁에는 부모는 회사에서 늦게 퇴근하고, 아이들은 학원에서 늦게 오고 서로 대화할 수 있는 시간이 너무 없다. 거실 공부는 부모와 아이가 눈을 마주 보고 대화하는 것이 핵심이다.

"거실에 책상을 놓을 수 없다면 큰 테이블을 놓아도 좋고 식탁에 앉아도 좋아요. 아이들이 학원 갔다 온 뒤 다 같이 한자리에 모여 할 일을 하는 거죠. 일하든, 공부하든, 일기를 쓰든, 엄마는 가계부를 쓰든 뭔가 규칙적으로 할 일을 만들어 모이는 거예요. 그러면서 서로 오늘 어떤 일이 있었는지 이야기하는 시간만 가져도 놀라운 변화가 찾아올 거예요."

거실 공부가 어렵게 느껴진다면 "네 방에 가서 숙제해!"가 아니라 거실 바닥에 상부터 펼쳐 놓고 책을 읽든 그림을 그리든 놀이를 하든 무언가라도 시작해 보라고 조언한다. 거실은 독서실, 부모는 감시자가 되는 것이 아니라 즐거운 소통이 시작되는 곳이 거실이 되어야 한다.

하루 한두 시간이라도 눈을 마주 보고 대화를 하고, 아이들이 뭘 어려워하고 뭘 좋아하는지 알아 가는 것만 해도 아이들의 정서 건강에 도움이 되고 아이들이 행복하게 공부를 할 수 있게 해 준다.

07

고등학생도
거실 공부가 가능할까?

2019년 「SBS 스페셜」에서 거실 공부가 소개되면서 큰 화제가 되었다. 방송을 보고 바로 거실 공부를 시작했다는 글들이 온라인을 뜨겁게 달궜지만 한편으로 걱정하는 부모들도 많았다. 초등학교 때야 거실 공부를 하지만, 학년이 올라가고 본격적인 공부를 해야 하는 중·고등학교 때는 각자 방에서 집중해서 공부해야 하는 게 아닌가 하는 우려 때문이었다.

공부방 없애기 프로젝트에 지원한 부모님들 역시 새로운 변화가 필요하다는 것에 동의하면서도 불안함을 감추지 못했다. 거실 공부는 초등학교 때나 가능한 것일까? 몇 살까지 할 수 있을까? 제작진은 거실 공부로 대학 입시를 준비한다는 고등학교 3학년 수와 중학교 3학년 현이네 집을 방문했다. 10년간 거실 공부를 실천하고 있다는 수와 현이네 집을 들어서면 가장 먼저 눈에 들어오는 건 거실을 차지하고 있는 커다란 책상이다.

수와 현이네 거실 변천사

거실 공부법 때문에 행복해졌다며 거실 공부 전도사가 된 수와 현의 아빠 김석 씨. 수와 현이네 거실 구조는 거실 가운데에 큰 책상 두 개가 있고, 벽 쪽으로 컴퓨터 두 대가 나란히 놓여 있다. 그리고 거실 한쪽에는 작은 책상이 있고 창가 쪽에는 작은 2인용 소파가 있다. 처음부터 거실이 이 구조였던 것은 아니다. 10년 전 이 아파트로 이사 왔을 때는 다른 집처럼 거실에 큰 소파와 텔레비전을 놓았다.

"야구 보는 걸 좋아해서 이사하면 큰 텔레비전으로 야구를 보고 싶었거든요. 그런데 두 아들하고 뽀로로 보겠다, 런닝맨 보겠다, 야구 보겠다 계속 리모컨 전쟁을 하는 거예요. 그래서 곰곰 생각하다 안방으로 텔레비전을 옮겼어요. 그리고 큰애가 책을 좋아해서 거실에 책장을 놓고 바닥에 카펫을 깔았죠. 카펫에 누워 책도 읽고 보드게임도 하고 그랬어요."

아이들이 고학년이 되면서 숙제가 늘어나자 부엌의 식탁을 공부하기 편한 책상 겸용 식탁으로 바꿨다. 그렇게 지내다 첫째가 중학교에 가고 시험공부를 하는데 바닥에 엎드려서 하거나 식탁에 앉아서 하는 게 불편해서 거실 중앙에 큰 책상 두 개를 놓게 되었다고 한다.

제주도에 있는 수와 현이네를 촬영하러 갔을 때 제작진이 놀랐던 건 거실 한쪽 벽에 나란히 놓인 컴퓨터에서 아이들은 게임 영상을 보고, 그 뒤에서 아빠도 함께 그 영상을 재미있게 보고 있는 장면이었다. 분명 거실에서 공부한다는 집인데 독서실보다는 게임방이 먼저 연상되었다.

어느 정도 시간이 지났을까? "숙제해야지. 컴퓨터 *끄고*."라는 아빠의 말에 아이들은 망설임 없이 컴퓨터를 *끄더니* 바로 책을 펼친

172

다. 아이들이 공부 모드로 바뀌자 각자 휴식을 취하던 부모님들도 어느새 거실의 책상과 식탁 앞에 자리를 잡고 아빠는 책을 읽고 엄마는 취미 생활인 필사를 한다.

컴퓨터 전원 끄기와 동시에 곧바로 책 펼치기? 이렇게 금방 집중이 된다고?

"놀 때는 그냥 확 몰입해서 놀고, 공부도 확 몰입해서 하려고 노력하는 편이에요. 공부하긴 해야 하니까 '짧은 시간 안에 최대한 열심히 한다'라는 그런 계획으로 하고 있죠."

수와 현이네 집은 자신의 할 일을 마치면 게임을 하는 것은 아이들의 당연한 권리로 인정을 해 준다.

거실은 일상을 공유하는 공간

게임이 권리라고? 이번 프로그램을 준비하면서 여러 가정을 인터뷰했는데 게임 때문에 갈등을 겪는 집들이 많았다. 그런데 아이들이 하고 싶은 만큼 게임을 하게 해 준다니 그래도 괜찮을지 궁금했다.

"많은 집이 게임을 학습에 대한 보상으로 허락해요. 하지만 우리 집은 게임은 아이들의 권리예요. 주중에 자기 할 일 열심히 하면 주말에 게임을 하는 게 일상이에요. 학습이 먼저냐 보상이 먼저냐 하면 아이와 실랑이를 할 수밖에 없죠. 아이들이 게임을 좋아하는 걸 인정하고 일상이 되게 하면 아이들 스스로 조절해요."

자기가 할 만큼 게임을 하면 딱 끄고 공부에 집중할 수 있었던 것은 컴퓨터를 거실로 내놓은 것이 가장 큰 도움이 되었다고 한다. 첫째가 초등학교 5학년이 되었을 때 '오버워치'라는 게임이 인기였고 아이는 그 게임을 하고 싶다고 했다. 이때 컴퓨터를 사서 거실에 놓았던 것이 거실 공부에서 가장 중요한 시점이었다고 한다.

"컴퓨터를 사기 전, 세 달 동안 고민했어요. 그리고 아이들에게 세 가지를 요구했죠. 첫 번째는 거실에 컴퓨터를 놓을 것, 두 번째는 노트북은 안 되고 데스크톱을 살 것, 세 번째는 컴퓨터로 게임을 하는 대신 핸드폰 게임 앱을 지울 것."

결과는 대성공이었다. 거실에서 게임을 하니 어떤 게임을 하는지 알 수 있고, 부모님이 있으니 게임을 하면서 욕을 하지도 않고, 알아서 눈치를 보며 스스로 게임 시간을 통제했다. 자기 방에 들어가 핸드폰 게임을 하는 일도 없었다.

이런 결정을 내린 것은 거실이 놀이도 하고, 게임도 하고, 공부도 하고, 책도 읽고, 아이들과 차도 마시고 식사도 하고 모든 것을 할 수 있는 가족의 공간이 되어야 한다는 생각 때문이었다고 한다. 물론 처음에는 아이들이 너무 게임만 하는 게 아닌가 걱정도 되고 갈등도 있었다고 한다. 하지만 아이들을 동등한 존재로 인정하고 부모의 일방적인 지시가 아니라 자녀와 소통하며 함께 맞춰 왔던 시간이 지금의 거실 모습을 만들었다.

"초등학교 저학년은 거실 공부가 어렵진 않아요. 엄마 아빠가 거실에서 같이 하자면 따르는데 고학년이 되면 쉽지 않아요. 거실이 편하고 즐거워야 나오죠. 그러려면 아이들이 좋아하는 걸 거실에서 할 수 있도록 인정하는 게 필요해요."

수와 현이네의 거실 공부는 하루아침에 이루어진 것이 아니었다.

"처음에는 몸으로 친해져야 한다고 생각합니다. 몸으로 부딪치고 그다음에 마음으로 친해질 수 있어요. 애들의 생각도 듣고 관심사는 무엇인지 물어보기도 하고, 그 마지막 단계가 공부로 친해지는 거로 생각해요. 공부할 때 옆에 같이 있으면서 그 같이 있는 시간만큼 정이 쌓여 가는 거죠. 부모와 자식은 서류상의 관계일 뿐이에요. 그 관계가 형성되려면 시간을 같이 많이 보내고 정이 쌓여야 해요.

가장 자연스러운 방법이 거실 공부입니다. 모든 일상을 같이 공유하니까요."

아빠는 안방에서 쉬고, 엄마는 거실에서 집안일하고, 학원에 다녀온 아이들은 각자 방으로 들어가는 것을 당연하게 여기는 요즘, 거실에서 모든 생활을, 심지어 게임까지 공유한다는 수와 현이네. 거실에서 함께한 시간이 사춘기를 지나는 데도 큰 도움이 되었다고 한다.

"당연히 사춘기를 조금씩 겪었죠. 자기 방으로 들어가 문을 닫고 공부하던 시절도 있었어요. 저희는 그냥 기다려 줬어요. 그랬더니 자연스럽게 돌아오더군요. 사춘기 전에 관계 형성이 잘되고, 서로 의사소통이 원활해지고, 아이들 얘기를 많이 들으면 사춘기가 와도 아이들이 자기 생각을 얘기하면서 조금은 더 쉽게 지나가는 것 같아요."

이쯤에서 궁금해진다. 그렇다면 아이들 성적은 어때요?

거실 공부로 사춘기도 잡고 성적도 잡고

"기말고사에서 전교 2등 했어요. 중간고사는 한 6~7등? 형은 저

보고 1등도 못하냐고 농담 식으로 말해요. 자긴 1등을 밥 먹듯이 했다고요."

게임도 수준급, 공부도 수준급, 부모와의 관계도 좋고 형제와의 관계도 좋은 부러운 모습이다. 그 일등공신이 거실 공부였다고 모두 입을 모아 대답한다. 거실에서 공부하는 게 불편하지는 않으냐고 물었더니 첫째 수는 그렇지 않다고 한다.

"제가 첫 시험을 방에서 공부했어요. 솔직히 공부하다 소설책도 많이 봤어요. 그래서 성적이 조금 안 좋게 나왔어요. 그래서 다음 시험 때는 거실에서 공부해서 첫 전교 1등을 했던 거 같아요. 그때 평균 7점 정도 올랐어요. 완전히 집중해서 한 것과 딴짓하면서 한 것의 차이가 크더라고요. 집중의 힘을 체감했어요."

이사하면서 멋지게 인테리어를 하려던 계획도 틀어지고, 아이들이 게임을 하는 모습을 지켜보는 게 쉽지만은 않았다는 엄마도 지금은 거실 공부에 만족한다고 한다.

"아이들이 학교에서 있었던 일도 와서 얘기하고, 문제집이 필요하다는 얘기도 하고, 수시로 대화가 이루어지니 아이가 어떤 생각을 하고 있는지 알 수 있어요. 공부에 집중하는 모습을 볼 수 있으니 안심도 되고요. 각자 방에 들어가 있으면 방에 들어가는 것도 조심스럽잖아요. 뭘 하고 있는지 의심도 되고요. 오픈된 공간에서 엄마가 편하게 볼 수 있으니 좋은 거 같아요."

둘째 현이는 거실이 심장 같다고 한다.

"전 거실이 심장 같다고 생각합니다. 왜냐면 심장에서 피가 순환하고 심장에서부터 시작해서 심장으로 끝이 나는데 우리 가족도 마찬가지로 항상 거실에서 시작해서 거실에서 끝나니까요."

거실 공부 덕을 톡톡히 봤다는 수와 현이네 부모님이지만 거실 공부를 단순히 성적을 올리는 방법으로 생각하지 않았으면 했다. 거실 공부는 자라는 아이들과 일상을 공유하고 싶어 실천한 것이고, 성적 향상을 먼저 생각한 건 아니라고 한다. 그저 공부하느라 애쓰는 아이들을 옆에서 응원하고 싶은 마음이었는데 그게 아이들이 공부에 집중할 수 있게 하는 효과가 있었던 것뿐이라는 것이다.

"그냥 곁에서 같이 애들이 크는 모습, 애들이 웃는 모습을 보는 것만으로도 부모에게는 선물이거든요."

'거실에 모이면 행복해진다.' 수와 현이네 가족이 정말 하고 싶은 말은 이 말이었다.

08

다자녀를 위한 처방: 공부방이 된 거실

준혁이네는 첫째 준혁이가 초등학교 5학년이 되자 공부에 집중할 수 있도록 책상과 침대를 구매해 공부방을 따로 마련해 주었다. 아직 어린 두 동생은 거실 소파에 앉거나 바닥에 엎드려서 숙제하고 책을 읽고 놀기도 했다. 방에서 공부하는 오빠가 궁금했는지 초등학교 2학년 둘째와 7살 셋째는 자꾸 오빠 방에 들락날락했고, 준혁이도 바깥소리에 자꾸 신경이 쓰여 거실을 드나들었다.

준혁이네 부모님은 아직 둘째, 셋째가 어려서 거실에서 같이 공부하지만 아이들이 자라면 각자 공부 공간을 마련해 주어야 할 텐데 지금 사는 집은 방이 모자라고, 그렇다고 이사를 할 수도 없어 고민이 많았다.

다자녀 가정의 공부방 고민, 어떻게 해결할 수 있을까? 제작진은 사토 료코 씨와 함께 준혁이네를 방문했다. 사토 씨는 거실에 놓인 책장과 소파 등 현재의 가구 배치 상태를 둘러보고, 준혁이의 공부 공간과 채원이가 책상 대신 쓰고 있는 엄마의 화장대도 세심하게 살펴보았다. 그리고 과감한 솔루션을 제안했다. 이미 꾸며 둔 공부방에 연연하지 말고 첫째의 공부 공간도 과감하게 거실로 옮기라는 것!

솔루션 1) 방 안에 있는 책상을 거실에 놓기

거실 공부를 할 때 가장 큰 장애물이 텔레비전인데, 준혁이네는

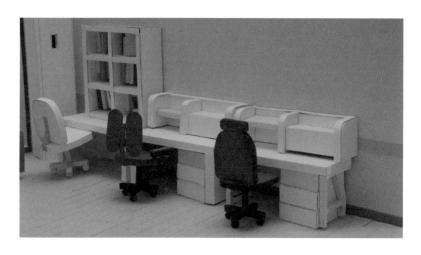

*** 준혁이네 첫 번째 솔루션 – 거실에 소파 대신 3개의 책상을 둘 것

이미 텔레비전을 안방으로 옮긴 상태였다. 텔레비전이 있던 자리에 커다란 책장이 있고 반대쪽에는 푹신하고 커다란 소파가 있어 아이들은 책장에서 마음껏 책을 꺼내서 소파에서 편하게 읽곤 했다. 사토 씨는 거실에서 이미 텔레비전을 치운 것만으로 거실 공부의 어려운 허들을 하나 넘은 것이라며 거실을 세 아이의 공부방으로 쓸 수 있게 준혁이의 책상도 밖으로 꺼내는 것을 제안했다.

"셋이 한 공간에서 같이 공부하게 하세요. 방에 있는 첫째의 책상을 꺼내 오고 책상이 없는 두 아이의 책상을 마련해 주시고요. 책상을 둘 때 벽면을 향해 두는 것이 가장 좋으니 소파를 창문 쪽으로 옮기고 그 자리에 책상을 두는 것은 어떨까요?"

사토 씨의 과감한 솔루션에 준혁이네 부모님은 당황한 기색이 역력했다.

"6인용의 커다란 테이블을 거실에 놓고 아이들과 같이 공부하는 건 생각했지만 소파를 옮기고 개인별로 책상을 놔 준다는 건 생각해 본 적이 없었어요."

준혁이네는 2~3년 전에 거실 공부를 해 보려고 시도를 한 적이 있었다. 하지만 아이들이 다 어려서인지 책상에 앉아 공부는 안 하고 장난만 쳐서 결국 포기했다. 그런데 다시 거실에 모여 공부할 수 있게 하라니 부부는 걱정이 앞섰다.

"동생들이 아직 어리다 보니 서로 공부를 방해하지 않을까 걱정이 돼요."

"거실에서 다 같이 공부하므로 누가 방해를 한다든지 하는 문제가 생기기도 합니다. 누가 공부하고 있을 때는 방해하지 않는다는 규칙을 세우는 게 중요합니다."

아이들이 각자 단절된 방으로 들어가지 않고 모두 한곳에 모여 있고, 부모가 주방에 있거나 소파에 있으면 자연스럽게 대화가 늘어난다. 사토 씨는 양육의 기본은 신뢰 관계이기 때문에 말을 많이 하기 위해 한 공간에 모이는 게 가장 중요하다고 강조한다.

세 아들을 키운 사토 씨는 아이들이 커 가면서 남자아이는 말이 없어지기 때문에 거실에 책상이 있으면 어찌됐든 얼굴을 볼 수밖에 없고, 간식을 준다든지 하기도 쉬우므로 크면 클수록 눈앞에 아이가 있는 게 키우기 쉽다고 자신의 경험을 나눴다.

특히 다자녀 가정의 경우 거실 공부는 서로 얼굴을 보고 얘기할 수밖에 없는 환경이기 때문에 싸워도 자연스럽게 풀리고 모르는 걸 물어보게 된다든지 응원을 해 준다든지 형제자매 관계에도 좋은 영향을 끼칠 수 있다.

솔루션 2) 한 아이당 하나의 책상과 책장을 준다

"책상은 위에 책장이 있는 형태가 좋은데 가장 좋은 것은 아이들 한 명당 하나의 책장이 있는 거예요. 책상이 붙어 있으면 옆에 아이를 쳐다보거나 방해할 수 있으니 사이에 개인 책장을 두는 것도 좋습니다."

아이가 커 가면서 교과서나 노트, 사전 같이 공부에 필요한 교재들이 늘어나니 책상이 너무 작은 것은 피하는 것이 좋고, 책장이 있는 책상을 사용하면 공간 활용에 도움이 된다. 거실에 아이의 책상과 함께 공부할 때 필요한 것들을 가까이에 둘 수 있다.

책상은 아이에게 자기 방과 같은 자기만의 공간이다. 책상 서랍

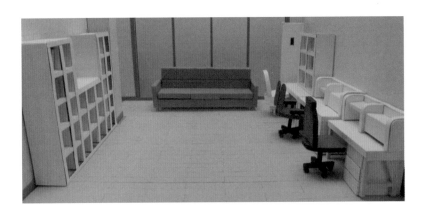

*** 준혁이네 두 번째 솔루션 - 책상은 위에 책장이 달린 것으로 기본적인 크기의 책상이면 무엇이든 OK

에 좋아하는 장난감을 두든, 문제집을 두든 아이만의 공간임으로 간섭하지 않아야 한다는 것을 부모가 명심해야 한다.

솔루션 3) 시작과 끝은 거실에서

"사춘기는 아이들이 혼자 있고 싶어 할 시기인데 괜히 그런 애를 강제로 끌고 나왔다가 반발이 생기지 않을까요?"

그동안 자기 방에서 생활했던 사춘기 아이가 거실 공부를 한다고 나오라고 하면 나올까? 사춘기가 와서 혼자만 있고 싶어 하면 어떻게 할까?

*** 준혁이네 세 번째 솔루션 – 거실 학습을 시작했으면 시작과 끝은 거실에서 하기

"처음부터 거실에 계속 있으면 사춘기가 와도 반항하지 않아요. 일단 거실로 나와서 다 함께하고, 혼자 있고 싶으면 방으로 가면 돼요. 아이들은 늘 집에 있는 게 아니니까 밖에서 스트레스 발산을 할 수 있고요. 일단 집에서 공부할 때는 거실에서 한다는 것을 지키도록 합니다."

무조건 공부는 거실에서 한다는 규칙을 세워서 공부가 끝나면 다른 방으로 가도 되시만 정해진 시간에는 같이 공부하게 하라는 사토 씨의 조언. 그러면 상대적으로 공부량이 적은 동생들이 먼저 공부를 끝내면 어떻게 해야 할까?

"누구 하나가 공부하고 있는데 다른 자녀가 공부가 끝나서 뒤에서 놀거나 하는 것도 굳이 제지하지 않아도 됩니다. 어차피 사람은 공부할 때 정적인 환경보다 어느 정도 소음이 있는 환경에서 공부하는 게 오히려 더 집중력을 높이는 데 도움이 되기 때문입니다."

준혁이네 부모님은 초등학생이 되면 개인 방을 꾸며 줘야 한다고 생각해서 각자 방을 어떻게 만들어 줄지 고민했는데 거실에 책상을 배치하는 방법이 또 다른 대안이 될 수 있겠다고 인터뷰는 했지만 그래도 여전히 불안한 기색이었다.

"책상을 밖에다 놓았을 때 거실 외관을 신경 안 쓸 수가 없으니 지저분해 보이지 않을까요? 정말 애들이 거실에서 공부를 잘하게 될까요?"

각자의 공부 공간이 절실한 다자녀 가정. 거실을 함께 쓰는 것이 좋은 대안이 될 수 있을까?

다자녀를 위한 거실 배치

1. 방 안에 있는 책상을 거실에 놓는다.

한 공간에서 공부할 수 있게 방에 있는 책상을 꺼내고, 책상이 없으면 마련한다. 책상은 벽면을 향해 두는 것이 좋다.

2. 한 아이당 하나의 책상과 책장을 준다.

책상은 아이에게 자기만의 공간이다. 큰 책상을 활용하는 것보다 아이마다 책상을 하나씩 마련해 주는 게 다툼을 줄이고 자기 공간에 대한 애착을 갖게 한다.

3. 공부는 거실에서 다 같이 한다.

정해진 시간에 다 같이 공부를 하고 정해진 공부를 마치면 다른 방에 가거나 다른 형제에게 방해가 되지 않는 활동을 하도록 미리 약속한다.

09

워킹맘을 위한 처방:
일과 육아를 동시에

지아와 솔아 자매는 소파 앞에 작은 책상을 두고 숙제도 하고, 간식도 먹고, 텔레비전도 보고 모든 일을 해결한다. 저녁 시간에 일하러 나가는 엄마는 아이들이 학교에서 돌아오면 서둘러 간식을 먹이고, 공부도 봐 주고, 저녁까지 준비하느라 바쁘다. 회사 일이 바쁘면 식탁에서 일하기도 한다. 아빠도 엄마가 출근한 후 아이들을 돌보는데 역시 처리해야 업무가 있으면 식탁에서 한다.

아이들 공부방을 따로 만들기는 했지만 주방에서 일하면서 아이들을 지켜보기 편하고 아이들이 부를 때 바로 갈 수 있어 소파 앞에 책상을 둔 것이다. 하지만 폭신한 소파에서 공부하려니 자세가 좋지 않아 걱정이다. 집중력을 해치는 거실의 놀 거리도 고민이다. 사토 씨는 지아와 솔아 자매에게는 어떤 솔루션을 제안했을까?

솔루션 1) 공부하는 곳에 오락거리를 두지 않기

사토 씨는 지아네에서 첫 번째 솔루션으로 거실에 있는 텔레비전
과 소파, 트램펄린 등을 다른 방으로 치우기를 제안했다.

"텔레비전과 소파가 있는 편안한 분위기에서 공부는 안돼요. 아
이는 환경의 영향을 많이 받기 때문에 공부하고 싶어도 텔레비전
이 있거나 푹신한 소파가 있으면 쉬고 싶어져요. 자세가 나쁘면 금

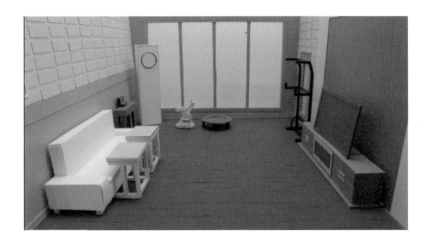

✳✳✳ 지아네 첫 번째 솔루션 – 책상과 의자는 항상 세트, 공부하는 곳에는 오락거리를 두지 않기

방 피곤해지고 장시간 공부하지 못해요. 그래서 책상과 의자는 매우 중요합니다."

공부가 괴로워지지 않도록 오락거리는 눈에 보이지 않는 곳으로 치우는 것이 거실 공부의 첫 번째 준비다. 거실에서 소파와 텔레비전을 치우라고 조언하면 어른들이 편하게 쉴 수 있는 공간이 없어진다고 달가워하지 않는다며 사토 씨는 남편 이야기를 꺼냈다.

"남편은 퇴근 후에 소파에 앉아 맥주 마시는 걸 좋아했는데 소파와 텔레비전을 치운다고 하니 그럼 자기는 어디서 맥주를 마시냐고 화를 냈어요. 하지만 곧 바닥에서 먹는 데 익숙해지더라고요. 아이와 거실에서 함께하는 건 어른에게 불편한 부분이 있겠지만 대신 아이의 웃음을 얻을 수 있으니 더 큰 선물을 얻는 거로 생각해요."

사토 씨는 놀 거리를 옆에 잔뜩 두고 부모는 "공부해!"라고 화를 내는데, 공부하지 않는 아이가 나쁜 게 아니라 주위 환경이 알맞지 않아서라며 사토 씨는 거실에서 왜 놀 거리를 치워야 하는지 설명했다. 다행히 지아네 부모님도 거실에 있는 소파를 버리고 텔레비전을 안방으로 옮길 생각을 하고 있어서 사토 씨의 조언에 고개를 끄덕였다.

솔루션 2) 책상과 책장은 세트로 준비하기

지아네의 경우 푹신한 소파에서 불편한 자세로 공부하는 것이 가장 큰 문제였다. 공부방에 큰 책장을 두고 방 가운데에 테이블을 놓아 주었지만 아이들은 거의 거실에서 생활해서 공부방은 방문 선생님이 오실 때만 가끔 사용했다. 거실과 아이들 공부방을 둘러본 사토 씨는 공부방의 테이블은 아이들이 사용하기에 슬슬 나이에 맞지 않다며 거실에 지아와 솔아를 위한 책상을 마련해 주면 좋을 것 같다고 솔루션을 제시했다.

"안 그래도 솔아도 학교에 들어가고 책상을 바꿔야 할 시기여서

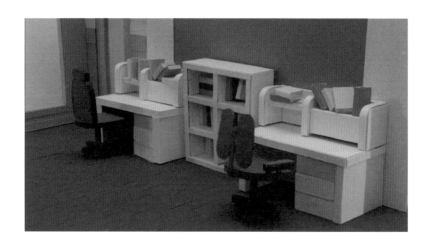

*** 지아네 두 번째 솔루션 – 책상 옆에는 작은 책장을 두고 학교에서 필요한
노트와 교과서, 참고서와 문제집만!

고민하고 있었어요. 개별 책상을 거실에 마련해 주는 게 좋을까요, 다 함께 사용하는 큰 테이블을 놔 주는 게 좋을까요?"

엄마의 고민에 대한 사토 씨의 답변은 혼자 사용할 수 있는 책상을 한 사람당 하나씩 두는데, 아이들이 점점 자라니 고등학생 때까지 사용할 수 있도록 조금 큰 책상을 준비하라는 것이다. 공부에 필요한 노트와 교과서, 참고서와 문제집만 둘 수 있는 작은 책장을 책상 사이에 두면 자연스럽게 두 아이를 떨어뜨릴 수 있어 서로 공부를 방해하는 것도 막을 수 있다.

지아네 부모님은 집에서 종종 일해야 할 때가 있어 방 하나를 작업실처럼 사용하고 있었다. 방에서 일하면 아이들이 자꾸 들어와서 방해하고, 밖에서 아이들이 뭘 하는지 알 수가 없어 답답할 때가 많았다.

"아이들이 거실 공부를 하는데 저희도 거실에 일하는 공간을 같이 만들면 어떨까도 고민이 돼요."

사토 씨는 부모가 아이와 같은 공간에서 작업하고 공부하는 건 더할 나위 없이 좋은 환경이라며 부모님이 작업할 책상을 거실에 두는 것을 적극적으로 추천한다.

솔루션 3) 공부하는 공간과 노는 공간을 분리하기

기존의 공부방은 어떻게 해야 할까? 사토 씨는 거실의 소파를 기존의 공부방에 두어 편히 쉴 수 있는 공간으로 만들면 어떻겠냐고 제안했다. 평소 아이들이 공부방에서 게임을 하거나 친구가 오면 거기서 같이 놀았기 때문에 공부방을 편하게 노는 공간이라 여기고 있다. 그래서 오히려 공부방을 마음 편히 노는 공간으로 두고 거실에서 공부하고 쉬고 싶을 때 방에 들어와 편히 쉴 수 있도록 해서 공부하는 공간과 쉬는 공간을 확실하게 구분하라는 것이다.

"인간의 기분이란 게 적당히 공부하고 적당히 논다는 게 불가능하거든요. 특히 아이들은 더해요. 거실에서 100% 공부했다면 공부방을 놀이방으로 바꿔서 여기서는 100% 놀게 하는 거예요. 거실에서 착실하게 공부했다면 이 방에 들어오면 모든 것이 편하고 즐거운 꿈나라가 되겠죠."

학교에서 돌아와 거실에 있는 책상으로 가서 바로 공부하도록 하고, 쉬고 싶을 때는 방으로 들어가 놀 수 있게 하면 집은 아이에게 즐거운 공간이 된다.

지아네 부모님은 텔레비전과 소파를 치우겠다고 마음먹었어도 막상 거실을 비우고 아이들 책상을 두려니 망설여진다고 했다. 이런 걱정을 이해한다며 사토 씨는 처음부터 완벽한 거실을 만들겠다는 생각은 하지 말고 조금씩 바꿔 가면서 가족들에게 가장 맞는 방식을 찾아보라고 한다. 시도를 두려워하지는 말고 일단 해 보고 별효과가 없으면 가족끼리 상의하고 또 바꾸면 된다고 말이다. 그제야 지아네 부모님도 조금 용기가 난 모양이다.

"아이들이 고립된 느낌을 갖지 않고 상호작용을 할 수 있는 공간을 만들기 위해서 갑작스러운 변화보다는 아이들도 수용할 수 있고 저희도 할 수 있는 범위 내에서 조금씩 조금씩 발전시켜 보려고요."

일과 육아를 같이 할 수 있도록 공간 변화를 꿈꾸는 지아네 집은 솔루션 후 어떻게 달라질까?

1. 주방에서 잘 보이는 곳에 책상을 둔다.

퇴근 후 집안일 하랴 아이들 숙제 봐 주랴 바쁜데, 거실을 공부방으로 바꾸고 주방에서 보이는 위치에 책상을 놓으면 아이들의 숙제를 봐 주기도 쉽고 아이와 더 많은 시간을 함께할 수 있다. 부모가 일하는 책상을 같이 거실에 두는 것도 좋다.

2. 책상과 책장은 세트로 준비한다.

공부에 필요한 노트와 교과서를 둘 수 있는 작은 책장을 책상 사이에 두거나 책상과 책장이 세트로 구성된 것으로 하면 아이들이 물건을 찾는다고 돌아다니지 않는다.

3. 공부하는 곳에 오락거리를 두지 않는다.

거실에 텔레비전, 소파, 트램펄린, 운동기구 등 아이들의 신경을 빼앗는 놀 거리는 다른 방으로 옮기고 공부 공간과 노는 공간을 분리한다.

10

사춘기 자녀를 위한 처방: 공부는 혼자 외롭지 않게

초등학교 5학년 당시 코로나19로 원격 수업이 시작되면서 독립된 공부방으로 들어가게 된 지우. 닫힌 방문 안에서 핸드폰을 쓰고 있는 건 아닌지 불안한 엄마와 엄마의 의심이 억울한 중학교 1학년 지우의 갈등이 계속 반복되고 있었다. 거실 공부가 어릴 때만 효과가 좋은 게 아니라 오히려 사춘기 자녀와의 관계까지 부드럽게 이어 준다는데, 질풍노도의 시기가 시작된 지우네 집에도 변화를 줄 수 있을까?

지우네는 크고 푹신한 소파와 대형 텔레비전, 안마 의자가 자리한 전형적인 거실 생활을 하고 있다. 원래 거실에서 다 같이 생활했지만 지우가 중학교에 들어가고 본격적으로 혼자 조용히 공부해야 할 거 같아 엄마는 일부러 지우를 방에 들어가게 했다. 많은 부모가 거실 생활을 하다가도 아이가 초등학교 고학년이 되면 조용한 공부방을 생각하게 된다.

드디어 사춘기 지우네 집을 방문한 사토 료코 씨. 지우 방을 둘러본 사토 씨는 책상 크기도 좋고, 의자도 좋고, 책장도 사용하기 쉬운 차분한 공부방이라면서 어떤 고민이 있냐고 묻자 엄마는 기다렸다는 듯이 하소연을 한다.

"방에서 핸드폰을 너무 많이 보는 것 때문에 자꾸 싸우게 돼요. 내놓고 공부하라고 해도 공부하는 데 필요하다고 내놓지도 않고요. 요즘은 그냥 알아서 하라고 놔두기는 하는데…."
"그냥 안 놔뒀잖아."

지우가 볼멘소리로 끼어든다. 일촉즉발의 모자 관계를 지켜보던 사토 씨가 웃으며 모자간의 신뢰 회복을 위해 거실 공부를 시작해 보라고 제안한다.

"아이가 여기에서 문을 닫고 공부하고 어머니가 저쪽에 있다가 아이가 나오면 '뭐 했어?', '공부 안 하고 핸드폰 봤지?'라고 말하면 '안 봤어.' 하면서 싸움이 나잖아요. 공부는 아이와 손을 잡고 함께 해야 하는데 사소한 거로 싸울 필요는 없죠. 공부는 역시 이 방에서 하지 않는 게 더 나을 거 같네요."

솔루션 1) 공부는 방이 아닌 거실에서 하기

대부분 아이 공부방을 꾸밀 때 책상과 의자를 세트로 두고 반대쪽에는 침대를 두는 경우가 많다. 하지만 교육 컨설턴트들은 잠자는 공간과 공부하는 공간이 같이 있는 것이 아이들이 공부에 집중하는 데 좋지 않다고 한다. 공부하다가 집중이 안 되거나 피곤하면 바로 침대로 가기 때문이다. 그러면 다시 책상으로 돌아오는 게 쉬운 일이 아니다.

*** 지우네 솔루션 – 1. 공부는 방이 아닌 거실에서 하기 2. 수험은 부모와 자녀가 함께하는 것!
사소한 일로 싸우지 않기

사토 씨도 네 아이를 키울 때 거실에 4개의 책상을 두고 잠은 옆 방에서 자도록 공부하는 공간과 자는 공간을 분리했다고 한다.

"쉴 수 있는 공간이 있으면 공부를 하기보다 핸드폰을 만지며 놀게 돼요. 두 공간을 나누지 않으면 아이 혼자 관리하기는 힘들 거예요."

지우 엄마 역시 아이를 공부방에 들어가게 한 후에 뭘 하고 있는지 몰라서 자꾸 감시하게 되고 그러다 보니 아이와 자꾸 부딪혀서 다시 예전처럼 거실에서 같이 공부하는 게 좋지 않을까 생각은 했다고 한다.

"거실에서 공부를 하면 동생과 나이 차이가 나고 해서 자꾸 우리 셋이 장난을 치게 돼요. 한 사람이 질문하면 셋 다 얘기하게 되고요. 초등학생 동생은 말하면서 공부해도 되지만 중학생은 집중해야 하는 게 아닐까요?"

사토 씨는 오히려 엄마에게 반문했다.

"방문을 닫고 아이가 들어가면 뭘 하는지 모르기 때문에 불안하지 않나요? 방에서 혼자 공부할 거라 믿고 싶지만 그 정도로 완벽하게 공부하는 아이는 없어요. 오히려 엄마가 지켜보고 있을 때 더 집중해요. 중·고등학생이라고 조용히 공부해야 할 필요도 없어요."

동생이 있을 때는 두 사람이 공부를 같이 시작하도록 규칙을 정하는 게 좋다. 둘째가 먼저 공부가 끝나고 첫째가 아직 공부하고 있으면 방에 들어가서 놀거나 방해하지 않도록 하고 둘 다 공부가 끝나면 같이 놀게 한다.

솔루션 2) 수험은 부모와 자녀가 함께하는 것

혼자 조용하게 두면 공부에 집중하겠지 하는데 의외로 아이들은 조용한 방에서 금방 신경이 분산된다. 오히려 엄마가 그릇을 씻는다든지 요리를 한다든지 조금 돌아다니는 생활음이 생각보다 아이들을 안심시킬 수 있다.

"공부는 혼자 하는 고독한 일이기는 하지만 공부하는 분위기까지 고독하게 두면 아이들이 견디지 못해요. 엄마 소리가 들리고 형제가 돌아다니고 하는 분위기가 더 마음이 따뜻해져서 생각보다 공부에 잘 집중할 수 있어요. 오히려 거실에 책상을 두는 게 아이가 엄마에게 무언가를 부탁하기도 쉽고 엄마와 대화하기도 더 편하지요."

　중학교 1학년인 지우는 입시까지 앞으로 5년 반의 시간이 남아 있다. 길다면 길고 짧다면 짧은 시간이다. 이 시간 동안 아이 혼자 공부하는 게 아니라 부모가 아이 옆에서 응원해 주고 돕기 쉬운 환경을 만드는 게 중요하다. 그런데 아이와 부모가 싸우면 분위기가 안 좋아지고 아이도 수험에 방해가 된다.

　"수험은 부모님과 아이가 손을 잡고 사이좋게 맞서지 않으면 안 되기 때문에 사소한 거로 싸우는 상황을 만들지 않는 것이 좋습니다."

　사토 씨는 핸드폰을 둘러싸고 엄마와 지우가 자꾸 갈등하는 것에 대해 아예 그 문제로 갈등하지 않는 환경을 만들라고 했다. 즉 거실에서 공부하면 엄마는 아이가 무엇을 하는지 알 수 있어 불안하지 않고, 아이 역시 자기가 할 일을 마치고 당당하게 핸드폰을 하면서 쉴 수 있게 된다는 것이다.
　사토 씨는 마지막으로 자기 방에서 공부해 온 중학생을 거실로 다시 나오도록 하는 게 쉬운 일은 아니라며 무리하게 해서 큰 싸움이 나지 않도록 대화를 통해 풀어 가기를 당부했다.

"아이는 지금이 편한데 왜 변화를 주냐며 귀찮아하겠지만 거실 공부를 하려는 이유를 잘 설명해 주고, 해 보지 않으면 모르니 옮기는 건 귀찮지만 한번 해 보자고 아이를 설득해서 차츰 변화시켜 보세요."

사춘기 자녀를 위한 거실 배치

1. 공부는 방이 아닌 거실에서 하기

방문을 닫고 들어가면 대화가 단절된다. 거실 공부를 하면 아이가 부모에게 부탁하기도 쉽고 대화도 더 쉬워진다.

2. 미리 대화로 동의를 구하기

자기 방에 익숙해진 아이가 밖으로 나오고 싶어 하지 않을 수 있다. 사춘기 아이의 경우 사전에 거실 공부를 하는 이유에 관해 충분히 이야기를 나누고 동의를 얻은 후 구조를 바꾸는 것이 좋다.

3. 소통에 초점을 맞춘다.

아이를 감시하기 위해 거실에서 공부하는 게 아니라 부모와 자녀가 거실에서 일상을 공유함으로써 관계를 개선하는 것이다. 아이가 정서적으로 안정이 되면 자연스럽게 공부에 집중하게 된다.

11

공부방 없애기 프로젝트 한 달 후
[준혁이네]

솔루션 후 다시 방문한 삼 남매 준혁이네는 거실을 정리하느라 분주했다. 피아노를 준혁이 방으로 옮기고 준혁이가 예전에 쓰던 책상을 거실에 놓았다. 그리고 자기 책상이 없다고 슬퍼하던 채원이와 지원이는 새 책상과 자기만의 물건을 넣을 수 있는 3단 서랍장이 생겼다. 각자 좋아하는 색깔로 채원이는 연두색, 지원이는 노란색 책상을 골랐다.

책상과 서랍장이 배달되어 와서 하나둘 자리를 잡자 엄마는 독서실 같은 느낌이라고 웃는다. 에어컨 옆은 준혁이 자리이고, 가장 어려서 손이 많이 가는 지원이가 주방에서 제일 가까운 자리이고, 자연스럽게 둘째 채원이가 가운데 자리가 되었다.

"막상 책상을 밖에 두니까 진짜 우리가 한 선택이 맞는 걸까 하는 생각이 드네요."

그때 집으로 들어오던 채원이가 책상을 보고는 한걸음에 달려온다. 자기 책상을 찾아 옆에 가방을 걸고 그동안 책상으로 썼던 안방 화장대에서 의자와 자기 물건을 가지고 와서 정리한다. 학교에서 돌아온 준혁이도 방에서 공부할 짐을 옮겨 오고, 막내 지원이도 사기 짐을 서랍 안에 넣는다. 각자 자기 책상에 앉아 꽤 만족스러운 표정이다.

삼 남매의 거실 생활은 어떨까? 한 달 후 우리는 다시 준혁이네를 방문했다.

*** 거실 벽면에 놓인 삼 남매의 책상

한 달 후의 아이들 반응

다시 찾은 준혁이네. 삼 남매는 각자 자기 책상에 앉아서 공부하고 있다. 둘째 채원이는 한자 학습지를 책꽂이에서 꺼내 공부하고, 지원이는 그 옆에서 종이접기를 한다. 준혁이는 아빠와 공부 중이다.

"'소 잃고 외양간 고치기'가 무슨 뜻인지 알아?"
"소가 도망갔는데 그 뒤에 외양간을 고쳐요. 그러니까 이미 지난 일인데 이렇게 열심히 하면 안 되고 미리 준비하라는 거요."

일을 마치고 집에 돌아온 엄마가 지원이 공부를 봐 주다가 주방으로 들어가 집안일을 한다. 이번에는 채원이가 모르는 걸 아빠에게 물어보자 소파에 앉아서 책을 읽던 아빠가 채원이에게 다가간다. 한 달 사이 준혁이네 가족들은 거실 공부에 꽤 익숙해진 모습이었다. 거실 공부를 해 보니 어떤지 먼저 아이들에게 물어봤다.

"여긴 제 책상이고, 여기서 수학 공부도 하고 한자 공부도 하고 영어 공부도 해요. 원래 방이 저기 뒤였는데 거실에서 공부하게 되었어요. 그런데 다 같이 모여서 하니까 혼자 공부하는 느낌이 안 들어서 좋아요."

자기 방이 있던 준혁이는 다시 거실로 나온 게 불만스럽지 않을까 했는데 오히려 밖으로 나온 게 좋다고 대답했다. 예전에 방에서 할 때는 자기만 공부하는 것 같아 외로웠는데 같이 하니 혼자 하는 기분이 들지 않아 외롭지 않단다. 오히려 집중도 더 잘되는 것 같다고 했다. 얼마 전 본 시험에서는 성적이 조금 오르기도 했단다. 공부하는 데 동생들이 방해되지는 않을까?

"동생들도 옆에 앉아서 공부하잖아요. 그래서 방해가 되지는 않아요. 책상이 없을 때는 애들이 자꾸 방에 들어왔는데 지금은 안 그러거든요."

채원이도 진짜 책상이 생겨 너무 좋다고 했다.

"안방 화장대에서 할 때는 조용하긴 했는데 무섭고 뭔가 불안하고 걱정되고 그랬어요. 그런데 거실에서 하니 엄마 아빠도 있고 동생이랑 오빠도 있으니까 무섭지 않아요."

막내 지원이는 어떨까? 지원이도 자기 책상이 생긴 것도 좋고, 무엇보다 보물을 넣을 수 있는 공간이 서랍장 세 칸에 책장 두 칸까지 총 다섯 개가 생겨 행복하다고 했다.

"소파에서 공부할 때는 소파에 자꾸 볼펜이 묻어서 불편했는데 책상에서는 마음대로 글씨도 쓰고 그림도 그릴 수 있어요. 그래서 공부가 재미있어요."

거실 공부에 대한 부모님의 반응

각자 방을 만들어 주고 싶었는데 거실에서 같이 공부하게 하고 각자 책상을 마련해 주라는 솔루션에 당황했던 준혁이네 부모님은 한 달 후 어떻게 생각이 달라졌을까?

"거실 공부라 해서 큰 테이블을 가운데 놓는 것까지는 생각했는데 각자 책상이 있어야 한다 해서 이게 될까 했는데, 막상 해 보니 더 좋은 것 같아요."

소파의 위치를 바꾸고 책상 세 개를 나란히 두면 거실이 너무 어수선해지지 않을까 걱정했던 엄마도 오히려 지금 구조가 집에 들어왔을 때 더 안정적이라 했다. 특히 두 동생이 자기만의 공간이 생긴 걸 좋아해서 학교에서 돌아오면 자연스럽게 책상으로 가서 가방을 정리하고 할 일을 한 후에 소파에서 놀고 책도 보고 한단다.

"동생들이 첫째가 공부하는 걸 방해하지 않을까 걱정하셨는데 어떤가요?"

"오히려 동생들이 놀다가도 첫째가 공부하면 자기들도 따라 해서 공부하는 분위기가 저절로 만들어졌어요."

가장 좋은 건 세 아이가 무엇을 하는지 한눈에 볼 수 있다는 것, 단점은 책상이 자꾸 눈에 들어오니 치우라고 잔소리하게 되는 것.

부모님들의 생활도 바뀌었다고 한다. 예전보다 소파에 눕게 되는 일이 줄고 책을 더 많이 읽게 되었고, 아이들이 각자 책상에서 보내는 시간이 늘어나니 엄마 아빠에게 놀아 달라고 매달리는 일이 줄었다.

거실은 쉬는 공간이라고 생각해서 거실에서 공부하고 무언가 다른 일을 하는 건 상상하지 못 했던 부모님들은 '책상이 꼭 방에만 있어야 하는 건 아니구나, 책상이 밖에 나와 있어도 나쁘지 않구나' 하고 생각이 바뀌었다. 한 달간 아이들의 모습을 지켜보니 아이들이 지금처럼 잘 지낸다면 방은 꾸며 주되 공부는 계속 거실에서 함께하는 것도 괜찮겠다고 대답했다.

"그냥 즐겁게 공부하는 분위기가 되었으면 좋겠어요. 나란히 앉아서 공부도 하고 공유하고 도와주고 이렇게요."

세 아이에게 각자 방을 마련해 주는 대신 거실에 책상을 두고 각자의 공간을 마련해 주게 했던 준혁이네의 거실 공부 솔루션. 일단 해 보고 아니면 되돌리자 하고 했던 시도가 모두 만족스러운 결과를 가져와 당분간 거실 공부는 쭉 지속할 것 같다.

12

공부방 없애기 프로젝트 한 달 후
[지아네]

엄마 아빠가 일하면서 아이들을 돌보기 위해 주방에서 한눈에 들어오는 소파 앞에 작은 책상을 놓았던 지아와 솔아네. 푹신한 소파에 앉아서 공부하려니 자세가 좋지 않아 걱정했었다. 지아네 집의 솔루션은 아이들을 위한 제대로 된 책상을 마련하는 것과 공부하는 공간과 노는 공간을 확실히 구분하는 것이었다.

솔루션을 받은 지아네 부모님은 고민 끝에 거실에 두 아이를 위한 책상을 나란히 놓고 사이에 책장을 배치해 자연스럽게 거리를 두면서 아이들이 공부할 때 필요한 물건을 바로 꺼낼 수 있게 했다. 그리고 거실에서 아이들의 시선을 끌던 트램펄린과 텔레비전, 소파를 기존의 공부방으로 옮겨 공부방을 아예 놀이방으로 바꾸기로 했다.

지아 엄마와 아빠는 아이들과 함께 거실과 방을 어떻게 바꿀지 계속 의견을 나누면서 집기들을 옮겼다.

"텔레비전과 소파, 피아노를 다 방으로 옮겨 영화를 보든 게임을 하든 쉬는 공간으로 해서 공부하는 공간과 정확하게 나누는 것이 좋을 거 같아."

"책장에서 이제는 안 볼 책들이랑 장난감도 이번 기회에 정리하고, 우리 문서도 많이 버리자."

"엄마, 책 정리하는 거 내가 도와줄게."

아이들도 옆에서 이제는 안 읽는 책은 옆으로 치우고 필요한 책은 바구니에 담았다. 바구니에 채워진 책은 아빠가 거실로 나르고, 엄마가 정리했다.

쉬는 공간이면서 공부 공간을 겸했던 거실은 좀 더 공부에 집중할 수 있는 공간으로 바꾸고, 아이들 공부방은 재미있고 아늑하게 쉴 수 있는 공간으로 만들었다.

"쉬는 공간과 공부하는 공간을 분리하는데, 쉬는 공간도 매력적이어야 한다는 조언이 인상적이었어요."

여기에 지아네 부모님이 또 하나의 결단을 내렸다. 그동안 방 하나에 커다란 책상을 두고 부부가 작업실로 활용해 왔는데, 이번에 아이들 책상을 새로 놓으면서 작업실에 있던 책상도 꺼내서 거실을 공부 겸 사무 공간으로 바꾼 것이다. 거실에 책상 네 개를 꽉 채워 거실을 공부방으로 바꾼 지아네는 한 달 동안 어떤 변화를 경험했을까?

한 달 후의 아이들 반응

한 달 후 다시 찾아간 지아네는 한눈에도 변화를 느낄 수 있었다. 가장 먼저 아이들의 자세가 좋아졌다. 소파에 엉거주춤하게 앉아

있거나 누워 있던 아이들이 자기 책상에 반듯하게 앉아 있었다. 아이들이 자기 일에 집중하자 엄마 아빠도 각자의 책상에서 업무를 할 수 있는 여유가 생겼다.

"지아야, 소파에 누워 있는 거 좋아했는데 소파가 없어져서 서운하지 않아?"

"소파에 앉아서 숙제할 때는 힘들어서 자꾸 누워서 했는데 지금은 의자가 있어서 편해요. 텔레비전이 있을 때는 공부할 때도 텔레비전이 막 보고 싶었는데 방에 있으니까 생각도 덜 나고요."

지아와 솔아는 자기 책상이 생겨서 신난다고 했다. 전의 책상은 작아서 책상 위에 뭘 올려 두기가 힘들었는데 지금은 책상이 커서 뭐든 둘 수 있어 좋단다. 또 예전에는 공부하다가 필요한 교재가 있으면 공부방으로 가서 꺼내 와야 했고, 큰 책장 어디에 있는지 몰라 찾다가 엄마를 부르기도 했는데 이제는 책상 옆 작은 책장에 두니 바로바로 필요한 걸 찾을 수 있고 정리도 쉬워졌다고 한다.

"모르는 게 있으면 엄마를 바로 부를 수 있어 좋고, 할 일을 다 하면 언니랑 놀이방에서 놀 수 있어 좋아요."

거실에서 다 같이 있으면서 각자의 책상에서 따로 공부하니 더 집중이 잘 되고 공부가 더 하고 싶어졌다는 지아의 대답을 들으니 거실 공부가 지아네 집에 마법 같은 변화를 준 것 같았다.

엄마가 느끼는 가장 큰 변화는 무엇일까?

"아이들이 아침에 일어나면 간단하게 식사하고 바로 책상에 앉아요. 예전에는 소파에 앉았다가 누웠다가 이게 루틴이었는데 지금은 말하지 않아도 바로 책상에 앉는 게 습관이 되었어요."

소파에 책상을 두었을 때는 자세가 불편해서 오래 앉아 있기 힘들어 자꾸 누워 있고, 눈앞에 있는 텔레비전의 유혹을 이기지 못하고 텔레비전을 보면서 숙제하기도 했는데 자기 책상과 의자가 생긴 후 아이들의 자세가 좋아졌고, 숙제하는 시간도 줄었다고 한다.

"지아 솔아, 오늘 공부 뭐 할 거야?"
"난 내일 숙제까지 다 할래."
"난 영어 숙제할래."
"그럼, 다 하고 알려 줘."

아이들의 집중 시간이 늘어나면서 엄마도 짬을 내 업무를 보기가 편해졌다. 아이들이 있는 곳과 가깝게 있으니 아이들이 도움이 필요할 때 바로 반응을 보여 줄 수 있어 효율적이고, 엄마 아빠가 옆에 있으니 아이들도 심리적으로 안정되었다.

"전에는 급한 업무 처리를 위해 방에서 일하고 있으면 아이들이 방에 자꾸 들어와서 방해되었는데, 지금은 같은 공간에 있으니 아이들이 굳이 확인하지 않아도 엄마가 옆에 있는 걸 아니 편하게 느끼더라고요. 그래서 같은 공간에서 각자 자기 할 일을 할 수 있어요."

자기 일에 집중하면서 같이 얘기하거나, 같이 활동하지 않아도 정신적으로 함께 있는 느낌이 아이들만이 아니라 부모에게도 안정감을 주었다.

거실을 공부방으로 바꾸면서 생긴 변화는 다른 공간에도 영향을 주었다.

"예전에는 바쁘니까 거실에서 모든 걸 해결하려 했어요. 거실 소파에서 공부하고, 숙제하고, 놀고, 간식 먹고, 식사도 하고요. 그런데 지금은 공부는 책상에서, 밥은 식탁에서, 놀이는 놀이방에서 이렇게 생활공간이 정상화가 되니 오히려 더 효율적이에요. 책상이 거실로 나오면 지저분하고 복잡하지 않을까 했는데, 더 안정되는 느낌이랄까요?"

지아 엄마는 아이들이 아직 저학년이라 공부에 크게 신경을 쓰지는 않았는데, 공부방을 없애고 거실을 공부방으로 바꾼 후 책상에 앉아 있는 두 아이의 뒷모습을 보니 이제 학생이 되었구나 싶어 뿌듯하다고 한다.

아이들 반응도 좋다. 숙제할 때는 거실 책상에서 집중해서 하고, 할 일을 마치고는 놀이방으로 가서 소파 위에서 신나게 베개 싸움을 한다. 공간을 확실히 구분해 공부할 땐 공부하고 놀 땐 노는 지아네 가족은 각자의 책상에 앉아 따로 또 같이 친밀한 시간을 보내고 있었다.

13

공부방 없애기 프로젝트 한 달 후
[지우네]

핸드폰 사용을 두고 엄마와 갈등을 겪던 사춘기 지우네가 받은 솔루션은 '거실에서 공부하기'였다. 중학교에 가면 혼자 공부하는 게 당연하다 생각해 아이 공부방을 마련해 방으로 들어가게 했던 지우 엄마는 다시 아이를 밖으로 나오게 하라는 솔루션에 당혹스러워했다. 사춘기 지우가 어떻게 받아들일지도 조심스러웠다.

다시 찾은 지우네는 공사가 한창이었다. 책상을 꺼내는 건 큰일이니 우선은 거실에 테이블을 놓고 핸드폰이 필요한 영어 공부는 방에서 하고 다른 공부를 할 때는 거실에서 하면 어떨까 지우에게 제안했다. 그런데 그날 사토 씨의 솔루션을 옆에서 듣고 곰곰 생각해 본 지우가 제대로 해 보고 싶다며 책상을 밖으로 꺼내는 것에 동의했다는 것이다.

"지우가 공부해야겠다는 생각을 한 거 같아요. 방에서는 다른 데 자꾸 정신이 팔리는데 거실에서는 아무래도 다른 사람 시선이 있으니 딴짓은 안 할 거 같다고요."

거실에 테이블을 놓고 한번 해 보자 했던 일이 점점 커져 공부하기 좋게 거실 전등도 더 밝은 것으로 교체하고, 거실 한쪽을 차지하고 있던 안마 의자는 방으로 넣고, 소파도 위치를 바꿨다. 그리고 방에 있던 지우의 책상을 밖으로 꺼냈다. 텔레비전도 방으로 치우거나 방으로 옮기고 싶었지만 너무 갑자기 다 바뀌면 적응하기 어

*** 거실 학습을 위한 공간으로 변신

려울 것 같아 일단 남겨 두기로 했단다.

지우가 학교 간 사이 추진한 거실 대변신! 과연 학교에서 돌아온 지우도 좋아할지 조마조마하다. 집에 들어서자 자연스럽게 자기 방으로 향하는 지우.

"어디 가? 거기 아무것도 없어."

거실로 다시 나온 지우는 책상에 가서 앉아 본다. 아직은 속내를 알 수 없다.

"환하지? 괜찮아? 책 보니까 버릴 것 좀 있더라. 네가 정리해 봐."

엄마는 바뀐 구조가 마음에 드는 것 같은데 지우는 어떨까?

"밝고 넓어 보여요. 엄마가 옆에 있으니까 넋 놓는 시간은 없어질 거 같아요. 하지만 엄마가 계속 보고 있으면 좀 힘들 거 같네요."

지우는 거실 공부방이 집중이 잘 될 거 같은 건 좋지만 자유가 없지 않을까 걱정도 되나 보다. 거실 밖으로 나온 사춘기 지우는 거실 공부를 잘 받아들일까?

거실 공부에서 잊지 말아야 할 것

거실의 하드웨어적인 변화는 일어났지만 소프트웨어의 변화도 필요한 때. 책상만 거실로 꺼냈다고 갑자기 관계가 좋아지진 않을 것이다. 이럴 때 좀 더 큰 아이를 키워 본 부모의 현실 조언이 도움이 될 것 같아 거실 공부 10년 차, 10대 두 아들을 둔 수와 현의 아빠 김석 씨와 지우 엄마의 만남을 주선했다.

"거실에서 공부한다고 하면 공부만 생각하는데 거실 공부는 거실에서의 관계가 중요해요. 관계 형성이 잘 안 되면 각자 방으로 들어가 버릴 거예요. 사춘기를 이겨 내는 방법은 엄마 마음이 중요하거든요."

부모가 볼 수 있는 곳에서 공부하라는 것이 아니라 자녀와 더 친밀한 관계가 되는 데 초점을 맞추고 아이들을 대하자 아이들이 거실을 좋아하게 됐고 좋은 성적도 따라왔다는 것이다. 100% 잘하는 애들이 어디 있을까? 30%, 20%만 잘해도 엄마 아빠가 알아봐 주고 칭찬해 주면 아이들도 힘이 나고, 그 힘을 가지고 자기가 해야 할 일을 할 수 있다.

만약에 아이가 "엄마 나 학교 가기 싫어." 그러면 "그래, 한 달간은 가지 말자." 그렇게 말할 수 있는 용기를 가지고 아이의 마음이 어떤지 먼저 들어 보라는 김석 씨의 이야기에 지우 엄마는 귀를 기울였다. 아이들이 공부에 열중할 시기가 왔다는 건 부모의 품을 떠날 날이 얼마 남지 않았다는 의미이기도 하다.

"같이 있을 시간이 앞으로 6, 7년 정도일 텐데, 이 시기에 관계 형성이 잘 되면 지우랑 50년을 친구처럼 지낼 수 있는 엄마가 되실 거예요."

한 달 후 지우네 집의 변화

엄마와의 관계가 아슬아슬했던 지우네는 어떻게 달라졌을까? 한 달 후 지우네를 다시 찾았다.

엄마와 지우가 탁구를 하고 있다. 인터뷰 때마다 무표정하던 지우가 웃음을 터뜨린다. 엄마를 대하는 지우 표정에서 밝은 웃음이 떠나질 않는다. 게임에 지고 있는 엄마도, 옆에서 심판을 보는 동생도 즐거운 표정이다. 즐겁게 대화하는 지우와 엄마의 모습을 보니 거실 공부로 좋은 변화가 찾아온 걸까?

"지우랑 원래 일주일에 한두 번은 싸웠거든요. 이번 주는 한 번도 안 싸운 거 같아요."

거실 공부를 시작한 첫 주에는 사소한 부딪힘은 있었다고 한다. 엄마는 어질러진 책상이 고스란히 보이니 차라리 안 보일 때가 속 편했다 싶기도 하고, 오자마자 책상에 앉아 공부하는 게 아니니 답답하기도 했다. 하지만 시간이 지나자 책상이 정리돼야 바로 공부를 시작할 수 있다며 지우 스스로 책상을 정리하기 시작했고, 책상에 앉는 것도 점점 익숙해졌다.

지우는 영어 단어를 중얼거리며 외워야 하는데 옆에서 동생도 수학 문세를 소리 내어 읽으며 풀어서 실랑이도 있었다. 지금은 같이 공부해야 하니 서로 피해를 주지 않게 지우는 동생이 없는 시간에 영어 공부를 하고, 동생은 엄마한테 물어볼 게 있으면 체크해 뒀다가 한 번에 물어보기로 약속을 정했다.

"거실 공부를 시작하고 가장 크게 달라진 점은 무엇인가요?"

"취침 시간이 12시를 넘기지 않아요. 예전에는 학교 숙제에 학원 과제를 하다 보면 무조건 12시가 넘어서 잠자리에 들었어요. 그런데 거실에 나오니까 시작 시간도 빨라지고 핸드폰이나 다른 길로 빠지지 않고 공부에 집중하니 빨리 끝내는 것 같아요."

지우도 집중하는 시간이 길어져 짧은 시간에 과제를 해결하게 되었다는 데 동의했다.

"누가 보고 있으니까 넋 놓는 시간이 줄어들었어요."

지우는 자연스레 부모님의 시선을 의식하다 보니 공부에 좀 더 집중하게 됐고, 남은 시간은 편하게 핸드폰을 볼 수 있게 되었다. 엄마 시야 안에서 할 일 다 끝내고 노니 괜한 의심받을 일도 사라졌다.

"의심 안 받으니까 좋아요."

지우를 이해하게 된 엄마

엄마는 거실에서 아이와 함께 시간을 보내며 아이에 대해 더 많이 이해하게 되었다고 한다. 아이가 공부하는 걸 직접 가르쳐 주지는 못하지만 공부하다 아이가 어렵다고 하면 왜 어려운지 옆에서 지켜보는 것만으로도 아이가 애쓰고 있다는 게 느껴졌다.

"예전에 아이가 방에 있으면 밖에서 텔레비전을 볼 때도 있었는데 생각보다 소리가 크더라고요. 아이가 방에서 공부할 때 기분 나빴을 것 같고, 밖이 얼마나 궁금했을까 싶어요. 그래서 자꾸 나오는 건데 왜 나오냐고 화를 냈으니 아이에게 미안하더라고요."

엄마는 이제야 아이가 방에서 얼마나 외로웠을지 이해가 된다고 했다. 동생 아영이와 지우와 함께 공부해 보고 엄마가 반성한 게 또 하나 있다.

"첫째랑 둘째랑 대하는 목소리 톤이 너무 다른 거예요. 동생은 어리다고 칭찬도 많이 해 주는데 지우한테는 내가 너무 소홀했구나 싶었어요. 그래서 요즘은 마트에 가면 일부러 지우가 좋아하는 거를 더 사 오고 그래요."

엄마는 핸드폰을 들고 방에 들어가서 문을 닫고 있으니 계속 핸드폰을 볼 거로 의심해서 아이가 많이 억울했을 거라고 미안해했다. 엄마는 아이가 자신과 다르다는 것을 인정하는 중이라고 했다. 의견이 다르면 서로 옳다고 싸웠는데 생각이 다를 수 있다는 걸 인정하고 나니 싸울 일이 없어졌다. 이제는 이야기하다가 의견이 대립하면 "그래. 우리는 달라서 안 맞는 거잖아." 하면서 서로 웃어 버린다고 한다.

엄마는 요즘 아이와 싸우지 않아서 좋고 앞으로도 안 싸울 수 있을 것 같다며 웃었다. 방문을 열고 거실로 나오자 소통의 문이 열렸다. 고정관념을 뒤집은 역발상 솔루션이 지우네에 다시 웃음을 찾아 주었다.

● 공부방 없애기 프로젝트를 마치며

초등학교 고학년이나 중학생이 되면 공부방으로 들어가 혼자 공부하는 게 당연하다 생각해 왔다. 우리는 공부 공간에 대한 고정관념을 뒤집어 공부방을 없애고 거실을 공부방으로 바꾸는 프로젝트를 세 가족과 함께했다. 이 프로젝트에는 자녀들은 독립된 공부방이 아닌 거실에서 함께 공부시켜 자녀 네 명을 모두 도쿄대학교 의대에 보낸 사토 료코 씨가 도움을 주었다.

2019년 당시 「SBS 스페셜」에 소개되었던 사토 료코 씨의 거실 공부법은 학부모들 사이에 신드롬을 일으켰다. 하지만 대부분 학부모는 공부는 공부방에서 해야 한다는 고정관념에 거실 공부를 망설였다.

제작진은 아이가 셋이라 각자의 공부방을 마련하는 게 고민인 준혁이네, 일과 육아를 효율적으로 하기 위해 거실을 활용하고 있지만 제대로 되지 않아 고민인 지아네, 자기 방으로 들어간 후 부쩍 엄마와 갈등이 심해진 사춘기 지우네와 함께 자녀 교육에 대한 고민을 공간으로 풀어 보는 시도를 했다. 거실 공부의 대모 사토 마마가 '공부방 없애기 프로젝트'에 지원한 세 가족을 직접 찾아가 대화를 나누고 공간을 꼼꼼히 관찰한 후 맞춤 솔루션을 제안했다.

휴식 공간인 거실을 공부방으로 바꾼다는 솔루션에 부모님들은 당황해하면서 '한번 해 보고 아니면 되돌리자'는 마음으로 시작했는데, 한 달 후 결과는 부모님도 아이들도 만족스러워했다. 제작진 역시 한 달 후 달라진 분위기에 깜짝 놀랐다.

공간의 변화가 가족 간의 관계를 변화시킬 수 있다는 것을 눈으로 확인했다. 가족들은 더 많이 대화하고, 더 많이 웃고, 더 행복해했다. 공부가 싫다던 아이가 "계속 공부하고 싶어요."라고 인터뷰하고, 촬영이 달갑지 않아 내내 불만이 가득했던 사춘기 중학생의 얼굴에 웃음이 퍼지는 것을 보고 거실 공부의 힘을 실감했다.

사토 료코 씨는 거실 공부를 널리 알리는 이유에 대해 이렇게 말했다.

"양육의 기본은 부모와 자식의 신뢰 관계이고, 서로의 생각을 공유하는 것이 그 신뢰 관계의 시작입니다. 아이 방을 마련하면서 대화하지 않는 환경이 되어 버렸어요. 가족은 같은 공간에서 괴로움도 즐거움도 함께해야 진짜 가족이 되는 거예요."

거실 안에서 함께한 시간이 만들어 내는 행복, 이것이 거실 공부의 진짜 마법이 아닐까?

방송에서
못다 한 이야기

자기주도학습이란?

— **이병훈**(교육 컨설턴트)

Q 어떤 분들이 주로 상담 오시는지요?

사실 제일 많은 케이스는 학습 계획에 대해서 고민하시는 분들이다. 어느 시기에 어떤 공부를 해야 하는지, 학원을 변경해야 하는지 아니면 줄여야 하는지 고민하는 분들이 상담을 오신다. 아이의 성향에 따라, 목표에 따라 컨설팅을 해 주는데 '그냥 다 빼고 학원 그만 다니라'고 조언할 때도 있다. 아이가 정서적으로 많이 처져 있어서 지금은 학원에 다닐 때가 아니라는 생각이 들면 종료하라고 한다. 아이들이 학원 숙제를 안 해 가거나 학원을 자꾸 빠진다면 학원에 보내는 걸 다시 생각해 봐야 할 시점이다.

Q 최근 학부모들의 교육 고민은 무엇인가요?

아무래도 코로나19 시대가 지속하다 보니 온라인 수업들이 예전보다 많아졌다. 그래서 옛날에는 이런 형식의 수업에 부정적이었는데 원격 수업을 하면서 인터넷 강의에 대한 마인드가 조금 더 오픈된 것 같다.

그리고 가장 크게 대두되는 문제는 아무래도 코로나19로 외출을 못 하게 되면서 가족이 계속 같이 있게 되어 부모님이 자녀들의 공부 모습을 보게 되었다는 것이다. 옛날에는 학교 보내고 학원 보내고 해서 아이가 공부하는 모습을 안 봤는데, 내 눈앞에서 공부 태도를 보니 부족한 점이 더 눈에 띄게 되고 그러다 보니 스트레스와 갈등이 더 많아졌다.

Q 상담 오시는 분들의 자녀의 연령은 어떻게 되나요?

제일 많은 고객이 초5에서 중2 학부모님들이다. 아이를 키우다 보면 그 시점에 가장 많은 일이 벌어진다.

첫째, 공부를 시키고자 하는데 아이가 공부를 안 한다. 둘째, 공부를 시키고자 하고 아이도 하고 싶어 하는데 방법을 모르는 것 같다. 셋째, 공부를 시키고자 하고 아이도 열심히 하고 방법도 아는데 더 좋은 선택지가 뭘까 고민한다.

첫 번째 경우에 학원을 끊는 게 좋은 처방이 되는 집들이 있다.

Q 자기주도학습을 어떻게 정의할 수 있을까요?

자기주도학습의 정의가 사회적으로는 마치 학원에 안 다니고 혼자 하는 게 자기 주도라고 잘못 알려져 있는데 그게 자기 주도가 아니다. 학원에 다녀도 자기 주도인 애가 있고 학원에 안 다녀도 엄마 주도인 애가 있고…. 그냥 학원에 다닌다는 '사실'이 자기 주도를 방해하는 건 아니다. 학원이나 인터넷 강의, 책이나 교재, 수업 등을 내가 내 주관을 가지고 필요한 것을 고르고, 공부를 복습하고 이러면 자기 주도인 거다. 일반적으로 학원 안 다니고 독학하면 자기 주도학습이라고 생각을 하는 것 같다.

Q 자기주도학습을 잘하는 아이의 특성이 있을까요?

정서적 안정, 참을성, 태도가 필요하다. 먼저 정서적으로 안정이 되어 있어야 한다. 특히 부모와의 소통이 중요하다. 또 자기 주도가 되는 아이들은 참을성이 있다. 우선순위를 알고 순차적으로 해 나가는 거다. 태도도 중요하다. 예전에 운동했던 학생을 상담한 적이 있었는데, 운동만 하다 사정이 생겨 운동을 관두고 공부를 시작한 아이였다. 중학교 성적은 중하 정도로, 말 그대로 운동만 해서 아무것도 모르니 뭘 해야 하는지 막막해했다. 성실히 운동하던 태도가 몸에 밴 아이라 계획을 세운 대로 성실하게 따라 공부를 시작했다. 그렇게 공부를 시작해서 지금 고3인데 판교에 있는 고등학교에서 전교 1등을 하고 있다.

Q 그럼 공부 재능이 없어도 자기주도학습을 잘할 수 있나요?

그렇다. 자신이 필요함을 느끼고 태도를 바꾸고 마음을 집중해서 노력하면 무슨 경시대회에서 수상은 못하더라도 학교 시험과 수능 시험에서 좋은 성적을 얻을 수 있다.

Q 사실 아이들이 그렇게 하기 쉽지 않잖아요.
게으름을 말하는 건가?

Q 게으른 아이는 공부를 어떻게 시켜야 하나요?
그런 아이일수록 관리자가 있어야 한다. 자기가 공부하는 걸 점검하고 계획을 함께 짜고 관리해 주는 관리자.

Q 그게 학원 아닌가요?
지금 교육 상황은 그렇다. 이걸 엄마가 하면 엄마 주도고, 선생님이 하면 선생님 주도고, 학원이 하면 학원 주도, 자기가 하면 자기 주도다. 아이가 어릴 때는 부모가 옆에서 가이드를 해 주는 게 좋지만, 아이들이 고학년이 되면 스스로 할 수 있게 주도권을 넘겨야 한다.

아이들이라는 존재가 재미있는 것이, 게으르다고 맨날 잔소리 듣고 공부를 안 하다가도 관리를 해서 성적이 오르면 자세가 조금씩 바뀐다. 뭐든지 내가 조금씩 늘어야 이게 더 배우고 싶고 하고 싶고 그러지, 늘지 않으면 재미없다. 늘면은 자기가 주도하고 싶은 마음이 더 생기는 법이다. 하지만 작은 변화까지 도달하는 것을 못 참아서 대부분 일찍 나가떨어진다. 늘면 더 잘하고 싶어진다.

Q 자기주도학습에서 소통을 강조하셨는데, 아이와 소통에서 중요한 것은 무엇이라고 생각하세요?

부모들이 착각하는 것 중 하나가 내가 낳은 아이니 내가 제일 잘 안다고 생각하는 것이다. 그래서 갈등이 생긴다. 소통을 위해서는 내 아이가 어떤 성향인지, 부모는 어떤 성향인지 아는 것이 먼저다. '왜 저럴까?'라 아니라 '내 아이는 이런 아이구나!'를 인정해야 앞으로 나아갈 수 있다.

상담하다 보면 부모와 아이의 성향이 달라 갈등이 생기는 경우를 보게 된다. 아이가 정서적인 아이인데 부모가 목표 지향적이면 아이의 성향, 의사와는 상관없이 부모의 목표만 따라간다. 부모는 아이와 상관없이 상상 속 아이를 키우는 거다. 이와 반대로 아이가 원하는 건 논리적인 설명이나 합리적인 이유와 근거이고 이걸로 대화하고 싶어 하는데 부모는 '아들 사랑해' 이런 식으로 정서적인 면만 신경 쓰는 집도 있다.

부모의 양육 태도가 교도관 같은 집은 아이에게 설명은 생략하고 '너는 시키는 대로 해' 하고 지시만 하니 아이가 자랄수록 갈등이 커진다. 가장 심했던 경우는 옛날이긴 한데 식칼을 들고 싸운 집도 있었다. 엄마가 정서적으로 안정이 안 되어서 아이가 조금이라도 마음에 안 들면 참지 못하고 싸웠다. 이 집은 결국 딸을 유학 보냈다.

Q 어떤 아이들이 학원을 끊는 게 도움이 될까요?

열심히 하는데 학원의 숫자가 너무 많아서 자기 공부를 못하는 아이. 학원 다니기 힘들어하는 아이를 잘 살펴야 한다. 아이가 '학원 수업만 많이 듣고 제대로 내 거로 만들 시간이 너무 없다, 솔직히 좀 줄여 달라. 집에서 공부를 해 보겠다' 이런 자기 의지가 있는 아이는 끊어 주는 게 제일 좋다. 아이는 주도성이 있는데 엄마 욕심과 불안감 때문에 학원을 많이 등록한 아이 같은 경우는 빼면 실제로 실력이 느는 경우가 많다. 반면에 '학원 다니기 귀찮으니까 나 그냥 집에서 내가 혼자 알아서 해 볼 테니까 믿고 맡겨 달라' 하는 경우면 누구도 안 믿어 주는 거고.

Q 마지막으로 학원을 끊으려는 부모님들에게 당부하고 싶은 말이 있을까요?

학부모 강의를 할 때는 "안 끊어도 안 죽어요."라고 농담 식으로 말하곤 한다. 솔직히 아이들은 불안하지 않다. 부모가 불안한 거지. 학원 끊는다고 영원히 공부를 안 하는 게 아니지 않나. 아이들에게도 숨 쉴 틈, 쉼표가 필요하다. 그러면서 자기 생각을 가지게 된다. '내가 학원에 다닐 때 안 다닐 때 이렇게 달라지는구나, 공부에 있어서 이러이러한 차이가 있구나, 그렇다면 이거는 내가 혼자 해 볼 수 있겠다, 이거는 도움이 필요하겠다' 이런 식으로 아이에게도 자신을 생각해 보고 돌이켜 볼 시간이 필요하다. 그런데 요즘 부모들은 '내가 답을 아니까, 너희들은 미완성체니까 시키는 대로 해' 이런 생각을 하는 것 같다. 그러면 아이들이 생각할 기회가 없다. 그냥 자신에 대해 생각하기를 포기하게 되는 거다. 불안감을 내려놓고 아이를 믿어 보면 좋겠다.

거실 공부의 대모가 알려 주는 공부 비법

— **사토 료코** (거실 공부 전문가)

Q 자녀 교육에서 가장 중요하게 생각하시는 건 무엇인가요?

양육은 학력을 높인다든가, 실력을 높인다든가, 재능을 찾아 준다든가 여러 가지가 목표가 있겠지만, 그것들은 나중 단계로 가장 중요한 관건은 웃음이라 생각한다. 웃음은 아이의 미소와 부모의 미소 둘 다다. 부모가 웃고 아이도 웃는 집안이 양육의 가장 좋은 환경이다.

부모도 아이도 양육이 끝났을 때, 즉 대학 입시를 마쳤을 때 즐거운 양육이었다고 생각할 수 있었으면 한다. 아이와 부모가 되돌아봤을 때, '그때 엄마 아빠 형제와 함께 지낸 18년간이 재미있었다'고 추억할 수 있는 양육을 하셨으면 좋겠다.

Q 거실 공부를 시작하게 된 계기는 무엇인가요?

아이를 키우는 건 그때그때 운에 맡기는 것이 아닌 다양한 연구와 노력이 필요하다. 나 역시 네 아이의 성격에 맞추어 무수한 방법을 고안해 왔다. 아이는 기본적으로 공부를 싫어한다. 그리고 게으름을 피우고 거짓말도 한다. 부모의 눈이 닿지 않는 곳에 있으면 절대로 공부를 하지 않으니, 역시 부모의 눈이 닿는 곳에서 공부를 시키는 것이 가장 좋다고 생각했다. 그래서 아이가 네 명이 있어도 공부방은 전혀 만들지 않고 거실에서 공부하게 되었다.

Q 처음부터 거실을 공부방으로 만드신 건가요?

원래 소파와 텔레비전이 있고 세련된 장식장이 놓인, 어른인 부모가 생활하기 편한 거실이 있었다. 하지만 아이가 태어나고, 옆에서 텔레비전 소리가 나는데 공부를 할 리 없겠다는 생각이 들어 텔레비전을 2층으로 올렸다. 그리고 굉장히 안락한 소파도 있었지만 버렸다. 책상 네 개를 나란히 두고 아이들 모두 거실에서 공부했다. 이제 거실이었던 흔적도 찾지 못할 정도의 거실이 되었다.

Q 거실 공부가 효과적인 이유는 무엇일까요?

아이가 놀거나 밥을 먹은 후 공부를 한다는 것은 심적 허들이 매우 높다. 안 그래도 하기 싫은데 공부방이 2층에 있거나 거실 옆방인 경우, 모두와 보내는 편안한 공간에서 공부방으로 가는 동선이 조금이라도 길면 공부하지 않게 된다. 거실 공부법을 활용하면 노는 곳 바로 옆에 책상이 있어, 놀고 나서도 바로 책상으로 가서 노트와 연필을 잡을 수 있다. 노는 것과 일상생활 사이의 경계가 사라지는 것이 거실 공부법의 가장 큰 장점이다. 아이들도 놀다가도 시간이 되면 어느샌가 자연스레 공부를 하는 것이다.

Q 거실 공부를 어떻게 시작하면 좋을까요?

부모들이 생각하는 이상적인 공부 자세는 책상에 앉아 연필을 들고 허리를 꼿꼿이 편 채 열심히 하는 모습일 것이다. 그건 아이에게 매우 부담이다. 그러므로 처음부터 책상에 앉아 등을 펴고 열심히 공부하는 자세는 강요하지 말자. 처음 공부를 시작하는 게 어려우므로 우리 집에서는 저녁을 먹고 나면 큰 상을 펴고 각자 공부할 것을 가지고 와서 다 같이 공부했다. 신기하게도 20분 정도 시간이 지나면 아이들은 좀 더 공부하겠다고 각자 책상으로 가서 공부를 하더라. 즉 공부해야 하는 시간을 정하기 전에 하고 싶다는 욕구를 심어주는 것, '해야 해, 해야 해' 하면서 하기 싫다 생각하게 하는 부담을 낮추는 것이 거실 공부법이다.

Q 거실 공부를 할 때 책상만 놓으면 될까요?

나는 책상과 책장을 세트로 놓는 것을 권장한다. 아이들이 각자 공부하는 책들을 자기 책장에 정리해 두게 한다. 그렇게 하지 않으면 전날에 이어 영어 공부를 하려다 어제 봤던 영어 교과서를 어디에

됐는지 찾아다닌다. 그렇게 되면 찾는 시간도 아깝고, 찾는 동안 의욕을 잃어 버리게 된다. 그래서 생각해 낸 방법이 책장에 각각 과목 이름을 크게 적은 플라스틱 케이스를 넣고 과목에 맞춰 책과 참고서를 꽂아 두라고 했다. 완벽히 정리하진 못하더라도 괜찮다. 과학 코너에는 과학책만 있으니 책을 찾는 수고를 덜게 된다.

Q 아이들이 각자 알아서 공부하게 두었나요?

부모들은 "공부해라.", "열심히 노력해라."와 같은 말을 하곤 하는데, 이 말을 들으면 아이들은 '어떻게 열심히 하면 되지?'라는 생각을 한다. 공부를 하려 해도 뭘 해야 할지 모른다. 만약 열흘 뒤에 학교에서 시험이 있다 치자. "다음 주에 시험을 보니 열심히 해."라는 말은 아이에게 와닿지 않는다. "다음 주 수요일에 수학 시험이 있으니 그때까지 매일 30분씩 문제를 풀자. 7시 반부터 8시까지 엄마가 옆에 있을게."라고 하면 아이는 '그렇구나, 30분씩 문제를 풀면 되는구나. 그것도 7시 반부터 8시까지.'라고 구체적으로 계획을 세우게 된다. 아이의 머릿속에 구체적인 방법이 떠오르지 않으면 귀찮다는 생각이 먼저 든다. 구체적인 방법을 제시해야 아이도 목표 지점이 보이니 열심히 한다.

Q 공부 계획을 세워 주면 아이들의 독립성을 방해하지는 않을까요?

강연을 하면 이 질문을 자주 듣는다. 아이에게 나중에 시험을 볼 때 이런 식으로 계획을 짜고 차근차근 준비하라고 방법을 가르쳐 주는 것이다. 그걸 처음부터 아이에게 전부 시키면 아이는 해내지 못한다. 경험치가 없으니까. 아이에게 무엇이든 다 알아서 하게 한다고 독립성이 자라진 않는다.

Q A4 종이를 이용한 특별한 암기법이 있다고 들었어요.

아이들은 한 번 틀린 것은 몇 번이고 틀리는 일이 많다. "전에 공부했잖아."라고 해도 절대로 기억하지 못했다. 그래서 아이에게 몇 번을 해도 외우기 어려운 것은 A4 종이에 1장당 1항목만 적어서 벽에 붙이도록 했다. 벽에 깔끔하게 붙여도 보지 않는 것 같아 비스듬하게 한번 붙여 봤다. 그랬더니 아이로서는 비스듬한 게 뭔가 시각적으로 불편했는지 시선을 고정하고는 종이에 맞춰서 고개를 기울여 보더라. 그렇게 보니까 외우게 되었다.

Q 필살 노트는 무엇인가요?

'이 노트에 적은 내용을 전부 외우면 시험에서 분명 만점을 받을 것이다' 해서 필살 노트다. 아이가 공부하다 틀린 문제를 정리하는 노트인데 '지금 틀려서 다행이다, 실전에서 틀렸으면 큰일인데 지금 틀려서 약한 부분을 발견하게 되어 다행이다' 하면서 이 노트에 오답을 모으는 것이다. 중·고등학교 6년 동안 과학이나 사회 같은 과목은 필살기 노트가 20권 정도 생겼다.

Q 문제를 풀 때 답안지를 봐도 될까요?

문제를 풀 때 답안지를 보면 안 된다고 하는데 모르니까 해답을 볼 수밖에 없다. 다만 바로 답을 보는 것은 좋지 않고 3분간 곰곰이 생각하게 한다. 3분간 열심히 생각해도 절대 모르겠으면 그때 해답을 보게 한다. 엄청나게 집중해서 고민했던 문제니까 답을 확인했을 때 '아 그렇구나.' 깨닫게 된다. '아!' 하고 깨달았을 때 아이가 똑똑해지는 것이다. 한 문제에 20~30분이나 들여 질질 끌게 하면 나중에 해답을 봐도 미지근한 반응이 되어 효과적이지 못하다.

Q 한국도 일본도 현재 거실 공부법이 화제인데, 거실 공부법에 관심을 보이는 이유가 무엇일까요?

일본에서도 아이가 자라면 아이 방을 만들어 아이는 아이 방에서 공부하는 분위기가 보통이었다. 하지만 부모의 눈이 닿지 않는 곳에서는 아이는 공부하지 않는다는 사실이 점차 알려지면서, 그렇다면 거실을 아이 방으로 만들어 버리는 것이 아이의 지속적인 공부에 효과적이지 않겠냐는 의견이 나오기 시작했다. 아마 한국도 비슷하리라 생각한다. 하지만 거실 공부의 장점을 알아도 이행하는 게 쉽지는 않다. 아버지의 반대가 있다든가, 가구를 이동하는 것이 번거롭다든가 해서다.

Q 거실 공부를 할 때 아이들이 힘들어한 것은 없었나요?

혼자 있는 시간이 없다는 것? 그래도 무언가 모를 때는 형제에게 바로 물을 수 있어 더 좋아했다. 대학에 들어가고 집을 나가면 다들 뿔뿔이 흩어지는데, 18년간 함께 머리를 맞대고 공부했던 순간이 좋은 기억으로 남을 거로 생각한다. 어깨가 맞닿거나 피부가 닿거나 손이 부딪히는 등 체온을 나누는 게 인간에게는 매우 중요하다. 항상 같은 곳에 있다는 느낌, 그런 게 아이들에게 중요하다 생각했다.

Q 현재 네 자녀의 사이는 어떤가요?

사이는 굉장히 좋다. 시간이 되는 아이들끼리 모여서 밥을 먹는다거나 둘이나 셋이서 여행을 가기도 한다. 같은 의사이기 때문에 이야깃거리도 서로 잘 통하는지라 친하게 지내고 있다. 집에 있을 때는 아이들과 함께 이야기하는 시간이 매우 많다. 같이 거실에 있으니 늘 대화를 한다.

Q 거실 공부를 할 때 엄마의 역할은 무엇이라 생각하시나요?

항상 곁에 있는 것, 그것이 어머니의 존재 아닐까 생각한다. 아이에게 '너는 너대로 공부하고 엄마는 엄마대로 일하거나 집안일을 할게' 한다고 해서 '엄마는 엄마, 너는 너'라는 느낌은 아니다. 항상 가족이 함께 있으니, 늘 서로의 존재를 의식한다.

Q 엄마한테 늘 감시당하고 있다 생각하지는 않을까요?

그건 아이의 성장에 따라 관여 방법을 바꾸어 나가야 한다. 거실에 있을 때 4살짜리 아이를 대하는 것과 12살, 15살 아이를 대하는 방법이 각각 달라야 한다. 4살 아이와는 굉장히 밀접한 관계를 맺지만, 초등학생이 되고 중학생이 되고 고등학생이 되면서 책상 위의 것은 보지 않는다든가 가방 안을 건드리지 않는다든가 하면서 거실 안에서도 아이들의 영역을 존중해 주었다. 부모는 어린 시절에는 감독이기도 하고, 지도자이기도 하며 서포터이기도 하고, 반주자이기도 하고, 그저 곁에 붙어 있는 사람이기도 하고 그때그때 역할이 다르다. 하지만 감시를 하는 것과는 조금 다르다. 감시하는 마음이 아니라 곁에 있어 주려는 마음이 중요하다. 다만 무엇도 혼자 하지 못할 만큼 어릴 때는 감독 같은 느낌으로 할 일을 제대로 지시하는 것이 중요하겠다.

Q 자녀가 사춘기가 된 후 갈등이나 불만은 없었나요?

아이에 대해 대부분 파악하고 있어서 불만은 없었다. 일단 아이가 자라서 중·고등학생이 되고 나서는 아이에게 자주 의견을 구했다. "이건 어때?"라고 물으면 아이도 자기 생각을 얘기하며 서로 의견을 주고받았기 때문에 다퉈 본 적은 없다. 물론 우리 아이들도 사춘기는 있었다. 하지만 반항기는 없었다. 대학생이 된 딸에게 "우리 집에 반항기가 있었던가?"라고 물으니 전혀 없었다고 답했다. 왜 반항하지 않았냐고 물으니 "딱히 반항할 거리도 없고, 반항해도 의미가 없으니까."라고 대답하더라. '엄마는 이렇게 하길 바라는데' 하는 식의 기대를 밀어붙이는 행동은 일절 하지 않았다. 그 덕분에 반항하지 않았던 것이 아닐까 싶다.

Q 자녀에게 어떤 부모가 되고자 하셨나요?

나는 아이들이 수업을 전혀 이해하지 못하겠다든가, 이번에 최악의 점수를 받았다든가, 학교가 즐겁지 않다든가 하는 부정적인 것들을 평범히 털어놓을 수 있는 엄마가 되고 싶었다. 아이들은 좋은 소식은 엄마가 기뻐하니 먼저 얘기를 한다. 그러나 안 좋은 소식은 잘 얘기를 안 한다. 설령 하더라도 부모가 화를 내면 아이는 입을 닫아 버린다. "엄마, 수업 내용을 전혀 모르겠어."라고 했을 때 엄마가 "수업 시간에 딴짓한 거 아니야?"라고 하면 아이는 두 번 다시 이야기를 꺼내지 않게 된다. 하지만 아이가 수업 내용을 이해하지 못한다는 점은 변하지 않는다. 시험 점수가 안 좋아도 화를 내지 않으려고 했다. 엄청 낮은 점수인데 무슨 일이냐고 웃으며 다시 한번 풀어 보자는 식으로 대했다. 그랬더니 아이들이 부정적인 것도 술술 이야기했다. 아이가 약점을 보이고 부정적인 이야기를 해도 다가가 헤아릴 수 있는 부모가 되어야 부모 자식 관계가 좋아진다. 인생은 좋은 일만 있지 않으니까.

Q 최근에 핸드폰의 사용과 관련해 자녀와 갈등이 많은데, 어떻게 하셨

나요?

우리 집은 아이가 학교에서 돌아오면 전원을 끈 휴대폰을 가방에 넣어 둔다. 그 후 잠이 들기 전에 돌려준다. 친구나 학교, 동아리 등에서 연락이 와 있기도 하니까. 아무래도 옆에 휴대폰이 있으면 집중력이 흐트러지고 딴짓하게 된다. 집에 돌아오면 전원을 끄고 부모에게 넘겨주고, 주위에 두는 게 아니라 가방 속에 넣어야 한다.

보통 "숙제를 다 한 다음에 게임을 해도 돼."라고 하는 부모가 많은데, 게임이 기다리고 있으면 아이는 숙제를 제대로 하지 않게 된다. 얼른 게임이 하고 싶어서 안절부절못한다. 부모들은 적당히 공부도 하고 적당히 게임도 즐기게 하고 싶지만, 인간에게 적당함이란 절대 불가능하다. 그래서 내가 부모님들에게 추천하는 방법은 월요일부터 토요일까지는 게임을 일절 하지 않고, 일요일에만 핸드폰으로 게임을 하게 해 주는 것이다.

1시간 공부한 보상으로 1시간 게임을 하라 하면 1시간으로 게임이 끝나지 않으니 어영부영 길어져 1시간 반 정도가 되고, "1시간이라 약속했잖아!"라며 화를 내게 된다. 그러니 평일에는 게임 제로로 두고 일요일은 양껏 게임을 시키면 아이는 게임도 공부도 만족한다.

Q 거실 공부를 실천하려는 부모들에게 당부할 말이 있을까요?

우선 마음먹고 방의 구조를 바꾸어 보는 것이 중요하다. 결단하고 변화시키는 것이다. 지금까지 편안했던 공간을 바꾼다니 가족들에게 불평불만이 나오겠지만 한 번쯤은 굳게 다짐하고 바꾸어 보는 것을 추천한다. 무언가 바꾸지 않으면 아이들의 배움의 자세나 성적은 변하지 않는다. 지금 상태에서 어떻게든 노력하길 바라는 것은 무리가 있다. 아이들이 열심히 해 주었으면 하는 바람이 있다면 힘낼 수 있는 구조를 만들어 주면 된다. 책상이나 책장, 소파를 움직이는 것은 무겁긴 하지만 조금만 노력을 기울였으면 하는 마음이다. 이런 작은 시도를 하는 게 중요하다고 생각한다.

Q 공부방을 바꾸기 전 아이에게는 어떻게 말하면 좋을까요?

갑자기 구조를 바꾸면 아이도 놀라기 때문에 아이에게 "각자 방에 가서 공부하는 건 괴롭고 공부 내용도 혼자 풀기 점점 어려워질 테니 책상을 가지고 나와서 함께 공부하는 게 더 좋겠지? 거실에서 공부하면 엄마가 여기서 보기도 편하고."라며 구조를 바꾸는 이유를 먼저 설명한다. 그 후 방을 변화시킨다.

Q 마지막 질문입니다. 거실 공부법의 최종 목표는 무엇입니까?

기왕 같은 집에서 살고 있는데 각자의 방에 따로따로 있지 말고, 같은 공간에서 희로애락을 함께하면 좋겠다. 괴로울 때도 즐거울 때도 함께하는 것이 가족 아닌가. 공부란 힘들 때도 즐거울 때도 있으니 이를 함께 맛보는 일상을 보내기를 바란다. 결국 거실 공부는 부모 자식의 신뢰 관계를 만드는 기본이라 생각한다.

10년째 거실 공부 중

— **김석** (『아빠의 교육법』 저자)

Q 현재 공부방이 거실이라고 들었는데, 옮긴 지 얼마나 되셨나요?

10년째 거실 교육법을 실천 중이다. 아이 8살 때 이사하면서부터 시작했다. 그 전 집에서는 거실에 텔레비전이 있었는데, 리모컨 때문에 아들들이랑 맨날 싸웠다. 이사하면 거실에 큰 텔레비전을 놓고 소파에 누워서 야구를 봐야겠다 했는데, 생각해 보니 그 텔레비전이 내 것이 될 것 같지는 않았다. 그래서 이사하면서 텔레비전을 안방으로 옮겼다. 대신 큰아들이 책 읽기를 좋아하니까 거실을 서재로 만들어 보자 했다.

Q 가족들 반응은 어떤가요?

아내는 책 읽는 분위기를 좋아해 너무 반겼다. 게다가 안방에 텔레비전이 있으니까 아내는 할 일 다 하고 쉴 때 누워서 텔레비전을 볼 수도 있고. 아이들이 반대하지 않을까 했는데 초등 고학년이 되니 아이들이 텔레비전을 안 찾더라.

Q 처음부터 거실을 공부방으로 만든 건 아니셨군요.

그렇다. 우리는 독서, 식사, 휴식, 공부 등 모든 활동을 거실에서 한다. 그래서 나는 거실 공부가 아니라 거실 교육이라 부른다. 내가 생각하는 거실 교육은 자녀가 커 가면서 거실에서 하는 모든 활동을 뜻한다.

우리 집은 아이들이랑 같이 거실에서 뭘 할까 상의하면서 바꿔 갔다. 아이들 성장에 따라 니즈가 바뀌니 거실 형태도 달라졌다. 큰아들이 8살 때 이사했는데 그때는 아이들이 책 보고 보드게임 하는 걸 좋아했다. 그래서 처음에는 큰 소파가 있었고, 책상은 구석에 두고 카펫에 누워서 만화책도 읽고, 같이 보드게임도 했다. 초등학교 3~4학년 되면서 학교에서 숙제를 내주더라. 그럼 공부할 곳이 필요하니 주방에 있는 식탁을 꺼내 왔다. 앉아서 하기 편하게. 고학년 되니까 아들이 오버워치 게임을 하고 싶다 해서 컴퓨터를 거실에 뒀다. 그러다가 중·고등학생이 되어 공부를 해야 하니 컴퓨터는 구석으로 밀고, 큰 소파도 버리고 공부를 위해 책상 세 개랑 작은 소파만 두고 스터디 카페를 만들었다.

Q 사춘기 자녀를 거실로 나오게 하는 건 어렵잖아요.

다들 물어본다. 어떻게 하면 아이들을 거실로 나오게 할 수 있냐고.
방법은 간단하다. 거실이 즐겁고 편하면 된다. 그러려면 부모가 내
자녀가 여가 생활 하는 걸 인정해 줘야 한다. 여행을 가더라도 계획
을 아이들이 짜야 한다고 하지 않나. 부모가 짠 스케줄대로 움직이
면 아이들이 짜증을 낸다. 자기들이 짜면 즐거워한다. 부모도 편하
다. 거실 교육도 마찬가지다. 보통 이사하면 부모들이 거실을 홈 카
페처럼 부모가 좋아하는 분위기로 만드는데 그럼 아이들의 자리는
사라지는 것이다. 아이들의 것으로 만들면 알아서 나온다.

Q 거실이 공부방이 되면 부모도 '육퇴'를 못 하지 않나요?
그렇지만도 않다. 거실을 편하게 만들면 나오는 건 각자의 몫이라
생각한다. 아내도 집안일 끝나면 안방에서 잠시 쉬고 거실로 나온
다. 나와서 차도 마시고, 빨래도 정리한다. 나도 일이 힘들었던 날
은 방에서 쉬기도 한다.

**Q 부모님들의 가장 큰 걱정은 휴대폰인데 스마트 기기는 어떻게 관리하
나요?**
휴대폰의 유혹은 엄청나게 강하다. 어른들도 휴대폰을 내려놓는 게
쉽지 않다. 거실에서 보게는 하는데, 밤에는 못 보게 한다. 어느 날
신문을 보니까 휴대폰 바구니를 만들라는 조언이 나오더라. 그래서
아이들에게 휴대폰을 사 줄 때부터 안방에 휴대폰을 넣는 바구니를

만들어서 자기 전에 네 명이 모두 반납하고 자기로 약속했다. 애초에 아이들과 계약을 그렇게 해서 밤새 유튜브를 보거나 게임을 할수 없다.

Q 그렇게 통제해도 아이들은 불만이 없나요?

우리 집 벽에 붙은 계약서만 30장이다. 초등학교 저학년 때부터 계약서를 썼다. 우리 집은 누구나 계약서를 올릴 수 있는데, 계약서를 올리면 가족들이 협의해서 조율하고 사인까지 한 후 벽에 붙여 둔다. 아이들도 계약서를 낸다. 예를 들어, 아빠가 큰소리 내면 4시간 게임! 부부 싸움하면 종일 게임! 엄마가 잔소리하면 게임 시간 10분 추가 등, 이렇게 아이들도 제안할 수 있으니 불만을 느끼지 않는다.

우리 아이들은 휴대폰에 게임 앱이 없다. 나 역시도 그렇다. 아이들이 컴퓨터로 게임을 하고 싶다고 했을 때 컴퓨터는 데스크톱으로 사자고 했다. 노트북으로 하면 방으로 가지고 들어갈 수 있으니. 그리고 컴퓨터 게임을 하는 대신 핸드폰 게임 앱은 지우자는 내용의 계약서를 올렸다. 어기면 컴퓨터 게임은 못 하는 것으로 해서 아이들과 계약서를 썼다.

Q 다른 친구들은 다 핸드폰으로 게임을 하니 학교에서 대화에 끼지 못한다고 불평하지는 않나요?

아이들이 불편하다고 불평하진 않는다.

Q 현재 거실 공부방 루틴은 어떤가요?

각자 짠 스케줄에 따라 공부하는데 보통 밤 11시에서 11시 30분까지 공부한다. 시험 기간에는 12시나 새벽 1시까지 한다. 벽에 아이들 공부 시간표도 적어서 붙여 놓았다.

Q 공부 스케줄은 아이들이 정하나요?

당연하다. 자기들이 할 건데.

Q 부모님이 옆에 붙어서 공부를 가르치시기도 하나요?

내가 이과생이고 수학, 과학을 꽤 잘했지만 아무것도 못 가르치겠다. 역사나 기술가정 같은 과목은 공부해서 가르쳐 준 적은 있다. 나중에는 작은아들이 나를 가르쳐 주고 있더라. 그때 생각한 게 '설명하기 교육법'이다. 그냥 나는 열정적인 학생만 되면 된다. 아이들은 자기가 가르쳐 줘서 공부가 되고, 나도 오랜만에 배우니까 좋다. 사실 이 거실 교육 자체가 아들들이랑 친해지려고 한 것이다. 공부로 아이들과 어떻게 친해지냐고 물어보는데, 사실 아이들이 커 갈수록 같이 있을 시간이 없다. 오히려 시험 기간이 같이 있기 좋다. 시험이 끝나면 아이들은 게임을 하고 노느라 바쁘다. 공부할 때 같이 거실에 함께 있어 주기만 해도 아이들에게 응원이 된다.

Q 거실 교육이 10년째라 하셨는데 가장 위기였던 순간은 언제인가요?

있었을 텐데 시간이 지나니 다 미화되고 추억이 됐다. 부모가 마음을 내려놓으니까 위기가 잘 넘어가는 듯하다.

Q 거실 교육의 장점은 무엇이라 생각하시나요?

거실 교육의 참맛은 가족이 화목해진다는 것이다. 엄마 아빠는 아이들이 좋아하는 모습을 보면서 웃게 된다. 집에 컴퓨터 두 대가 있는데, 아이들이 같이 게임을 하면서 엄청나게 좋아한다. 그 모습을 보며 속으로 저렇게 좋을까 싶으면서 아이들이 즐거워하니 우리 부부도 덩달아 웃음이 난다.

가족들이 정을 쌓으려면 같이 시간을 보내야 한다. 하지만 점점 같이 있을 수가 없다. 저녁도 같이 못 먹을 때가 많다. 학교에서, 직장에서 돌아오면 각자 자기 방에 들어가 버린다. 거실 교육은 가족이 일상을 공유할 수 있다.

Q 현재 공부방은 아예 없는 건가요?

그렇다. 아이들은 항상 거실에만 있다. 아이들 방은 하나는 둘이 같이 자는 침실로, 나머지 하나는 옷방으로 쓰고 있다.

Q 사춘기 남자아이들이면 자기 방을 좋아하지 않나요?

당연히 방이 좋다고 한다. 근데 거실이 더 즐겁다고 한다. 게임은 방에서 하는 게 더 좋지만 거실에서도 엄마 아빠 눈치 안 보고 하니 괜찮다고 한다. 자기네 여가 생활을 다 인정해 주니 거실이 더 편하고 즐거워 굳이 방에 들어갈 이유는 없는 것 같다.

Q 성적이나 학습 태도와 관련해 달라진 점이 있나요?

공부 결과도 좋았다. 방에서 공부하는 게 집중이 더 잘되지 않냐고 아이들한테 물어보니 딱히 그렇지 않다고 했다. 방에서 딴짓하면 시간 가는 줄 모른다고 하더라. 첫째는 책 읽기를 너무 좋아해 방에서 책만 읽는다. 둘째는 아빠가 옆에 있는 게 응원이 된다고 공부할 때 꼭 옆에 있으라고 한다. 몇 번 방에 들어가 공부하게도 했는데, 거실 공부를 더 선호한다. 옆에 부모님이 있어야지 외롭지 않고 딴짓도 안 하게 된단다.

Q 공부하는 자녀 외에 가족에게도 달라진 점이 있나요?

거실 교육을 하면 부모도 같이 성장한다. 나도 큰아이 중학교 때 같이 중학교 과정을 공부했다. 중학교 3학년 기술가정에 '건강한 가족은 가족 구성원이 각자의 의견을 내고 다른 사람의 의견을 존중하고… 아빠가 강압적이지 않고' 이런 내용이 나오더라. 아이들은 진짜 혼란스러웠을 거다. 학교에선 이런 내용 배우지만 실제 집에서는 안 그러니 말이다.

거실에 머무르면 아이들도 성장하지만 부모가 더 성장한다. 아이들이랑 같이 있으면 아이들의 의견을 들으면서 경청도 익히게 된다. 사회에 나오면 누군가 내 습관을 고쳐 주지 않는다. 누가 나한테 지적하는 사람이 없는데 아이들하고 동등한 관계가 되면 아이들이 아빠한테 매일 잔소리를 해서 '꼰대'가 되지 않게 해 준다. 집에서 나를 바꿔 준다. 이 나이가 되면 밖에서는 뒤에서 욕하지 충고를 해 주는 사람이 없지 않나.

Q 거실 공부방을 주변 사람들에게 전파한 적도 있나요?

바꾼 집이 많다. 가장 좋은 피드백은 "아이들이 공부를 열심히 해." 그런 말이 아니라 "아이들하고 너무 친해졌어."라는 말이다. 일상을 같이 하니 친해질 수밖에 없다.

Q 현재 성적은 어떤가요?

둘째 현은 이번 시험에서 전교 2등을 했다. 그런데 학교에서 롤도 1등이다. 오버워치는 그랜드 마스터. 게임도 진짜 열심히 하니 게임 성적도 좋다. 우리 가족은 평일에는 열심히 살고, 주말에는 자기가 하고 싶은 거 하기로 약속했다.

Q 아이들 교육에 대해 가장 노력한 부분은?

아이들이 시험 대비를 하느라 공부하는 걸 보면 안쓰럽다. 중요한 건 응원하는 마음이다. 이것밖에 못 하냐 그러지 말고 응원해 주면 아이들이 힘을 낸다. "잘 봤어? 어려웠어?" 시험이 끝나서 오면 나도 연습을 안 하면 바로 이 말이 튀어나온다. 이 말을 안 하려고 무지 연습한다. 대신 "애썼다, 고생했다."라는 말을 해 주려고 노력한다. 사실 성적을 물어볼 필요가 없다. 표정 보면 다 알지 않나.

Q 거실 공부방에서 가장 중요한 포인트는 무엇이라 생각하시나요?

성적의 향상보다는 같이 게임을 하고 차 마시고 책 읽고 공부하고… 모든 활동을 거실에서 같이 하는 거다. 특히 아들들은 아빠가 지켜보는 게 가장 효율적이다. 거실 공부는 '공부'가 아니라 '같이'에 무게중심을 두면 좋겠다. 거실 공부는 부모가 보이는 곳에 아이들을 두고 공부하는 걸 감시하라는 게 아니라 거실에서 같이 일상을 공유하는 것이다.

◈ 인터뷰 4

거실 공부를 알리고 싶어요

— **정성희** (숭실대 베어드교양대학 교수)

Q 거실 공부에 대해서 어떻게 관심을 두게 되었나요?

한국 가정의 거실은 천편일률적이다. 거실에 텔레비전을 놔두고 가만히 앉아서 벽을 보는 구조다. 교육학을 전공했고, 대학이나 특목고에서 아이들을 가르쳤는데, 그때 정말 공부 잘하는 아이들을 보면 혼자 독서실에 처박혀서 공부만 한 게 아니었다. 부모와 상호작용이 잘 되어 있고 소통을 많이 한 아이들이었다. 자기가 뭘 원하는지 어렸을 때부터 부모에게 전달이 잘되고, 대화도 잘되고, 의견 수용이 잘되는 개방된 공간에서 자랐다는 공통점이 있었다. 그래서 그때 이후로 점차 집에서 가장 개방된 공간인 거실에 관해 관심을 두게 되었다.

Q 거실 공부를 하게 된 이유가 있나요?

내가 가진 교육적 신념은 '부모와 자녀의 소통이 가장 중요하다'는 것이다. 아이들은 공부하고 싶어 하고, 또 해야 할 이유를 알 때 가장 잘한다. 이것은 공부뿐만이 아니다. 부모와 정말 자기가 뭘 하고 싶은지에 대해서 충분히 소통되었을 때. 아이들이 점차 자신이 뭘 하고 싶은지, 뭘 할 수 있는지, 뭘 원하는지 알게 된다. 동기부여가 되는 것이다.

교육학에서도 교육에서 소통이 중요한 이유가 이론으로 정립되어 있다. 소통이 중요하고 성취동기를 부여해야 하고, 그걸 하기 위해서는 부모와 적절한 유대 관계와 대인 관계가 형성되어야 한다. 학자로서, 부모로서 이 부분을 계속 생각하다 보니 아이들이 나중에 '내가 하고 싶어서 공부했고, 엄마랑 소통하면서 행복하게 공부했어' 하는 이야기를 듣고 싶었다. 즐겁게 앉아서 부모와 함께 대화하고 소통하면서 공부하는 방법이 뭘까 생각을 하다가 거실에 공부 공간을 만들게 된 거다.

Q 지금 현재 거실 공부를 하고 있나요?

사실 거실에 공부 공간을 마련한 건 아이들이 초등학교 들어가면서부터지만, 그 전부터 우리는 거실에서 활동하고 놀면서 생활했다. 추가한 건 아이들이 필요하다고 해서 마련한 책상뿐이다. 아이들이 5~6살 때부터 거실에서 생활하다 점차 커 가면서 거기에 책상이 생겼다.

그리고 아이들이 거실에서 공부뿐만 아니라, 부모가 일하는 모습을 보게 되는 것도 정서적으로 가장 큰 이점이다. 내가 사회적이고 공익적인 분야에 관심이 많아서 봉사 활동 회장이기도 하고, 보건복지부에서 뭘 맡기기도 하고 그런다. 이번에 전국 화상 안전송 공익 트로트 같은 걸 내가 만들게 되었는데, 직접 작사 작곡을 해야 하는 것이었다. 그래서 내가 작업한 것을 아이들에게 직접 들려주고 보여 주고 했다. 아이들이 엄마가 하는 일에 참여하고, 즐거워하더라. 이렇게 부모가 하는 일도 거실에서 하게 되면 점점 아이들도 부모가 무슨 일을 하는지 이해하게 되고, 이해는 곧 소통이 되는 거다. 서로 문 닫고 있으면 절대 소통이 안 된다.

Q 남편도 같이 참여를 하고 있는지요?

남편도 같이한다. 남편도 처음에는 어색해했는데 내가 먼저 시작해 환경을 만들어 놓으니까 늘 아이들하고 소통하고, 아이들을 지켜보게 되고, 아이들의 행동에 반응하게 되었다. "그게 지겹구나? 아빠랑 이거 하자.", "아빠랑 밖에 나가 놀까?" 이렇게 달라졌다.

Q 자녀가 게임을 하나?

우리 아이들도 한다. 그런데 우리는 통제를 안 한다. 자기들이 통제할 때까지 그냥 기다리면서 여유를 준다. '하고 싶은 데까지 끝까지 해 봐라' 이렇게 한다. 자유가 주어지면 아이들도 점점 자신의 적정

선을 찾아가게 되는 것 같다. 반대로 완전히 가둬 두고 '너 몇 시간 동안만 해' 이렇게 하면 아이들이 부모를 등지게 될 수도 있다.

Q 자녀들의 반응은 어떤가요?

어릴 때부터 거실에서 생활해 와서 거실에 가족들이 다 같이 있는 걸 당연하게 여긴다. 거실에서 공부하는 것도 당연한 거고. 이제 좀 오랫동안 공부를 하게 되는 시기가 왔으니까 책상을 놓은 것뿐이다. 그전에는 누워서 같이 뒹굴뒹굴 책 읽고 그랬다. 그냥 자연스럽게 이어진 것 같다. 공부 공간이라고 생각되지 않고, 그냥 책상만 생긴 공간이다.

Q 거실 공부에서 가장 중요하다고 생각하는 점은 무엇인가요?

소통이다. 아이들이 거실에서 공부하면 나는 주방에서 설거지하면서도 아이들과 대화를 할 수가 있다. 그런데 방에 들어가면 못 한다. 이 거실 공부라는 것은 늘 강조하지만 학습이 주가 아니다. 늘 부모의 소통, 가족의 소통이 필요한 거다. 소통할 생각 없이 거실에 책상만 갖다 놓는다? 그건 절대 안 될 일이다.

Q 현재 집의 구조는 어떤가요?

거실에 아이들의 공부 책상이 있고, 책장이 있다. 아이들 방에 2층 침대가 있어 아이들은 거기서 잔다.

Q 아이들은 현재 어디서 공부하나요?

지금도 그냥 거실에서 잘 공부한다. 아이들은 항상 공부하다가 막히면 부모를 찾는다. 그러면 우리가 자연스럽게 가서 알려 주고, 또는 같이 답을 찾아보거나 응원하기도 한다. 아이들을 딱 방에 가둬 놓으면 '엄마 아빠가 안 보니까 공부하는 척하면서 딴 거 해야지, 아빠 몰래 게임을 해야지' 이렇게 되는 거다.

Q 평소에 자녀와의 사이는 어떤지요?

사이가 너무 좋다. 지금도 주말마다 애들이 아빠랑 자전거 타러 놀러 나가고, 아빠가 거실에서 일할 때 아이들도 옆에서 공부하고 그런다.

Q 거실 공부의 단점은 무엇일까요?

준비되지 않은 아이들을 무조건 밖으로 나오게 했을 때 문제가 생긴다. 물론 요즘은 다들 스터디 카페라든지, 도서관도 천장을 높게 공사를 한다든지 개방성 있게 바꾸는 추세여서 개방된 공간에 적응하기가 쉽기는 한데, 준비되지 않은 아이를 개방된 공간으로 나오게 하면 오히려 정서에 더욱 혼란을 줄 수가 있다. 그래서 어렸을 때부터 거실에서 공부하고 활동하는 환경에 적응시키는 것이 필요하다. 적응하고, 습관이 되면 주변이 아무리 시끄러워도 혼자서 공부할 수 있는 환경이 되는 거다. 하지만 조금 독립적인 성향을 띠고, 거기다가 어릴 때부터 혼자서 공부하는 게 습관이 된 아이들이라면 거실 공부에 적응하기 힘들다.

Q 거실 공부를 시도하는 학부모들에게 하고 싶은 말이 있다면요?

"공부라는 강박관념을 버려라." 이 말을 하고 싶다. 거실에서 꼭 공부를 해야 한다고 생각하면 안 된다. 아이들이 거실로 나왔을 때 '왜 공부를 안 하고 놀지?' 이렇게 생각하게 되면 거실 공부가 어렵다. 그런 강박과 고정관념에서 벗어나서 '나는 공부를 하는 게 아니라 애들하고 소통하고 노는 거다.' 이런 생각을 가지고 접근해야 한다. 일상 이야기를 하다가 지역명이 나오면 그 지역이 어디에 있는지 지도를 살펴보고, 그 지역의 특성과 특색에 관해 토론을 해 보고, 과학적인 이야기도 해 보고 이런 것이 다 공부인 것이다.

책을 읽어서 달달 외우는 옛날 방식의 공부를 시켜야겠다고 생각하면 안 된다. 이게 하브루타 교육법이라고, 주변인들과 소통하고 토론하는 방식의 유대인 교육법이다. 거실 공부의 핵심은 소통이기 때문에 이런 하브루타 교육법을 적극 수용해야 한다. 단어를 외우고, 혼자서 문제를 풀고 깜지를 쓰고 하는 이런 옛날 방식의 교육법에서 벗어나야 한다.

Q 거실 공부지만 공부를 생각하지 말라고요?

그렇다. 거실 공부라는 것은 일상의 실천이다. 부모님들은 일상생활에서 아이들하고 소통하고 참여하는 게 굉장히 어려울 거로 생각하는데 어렵지 않다. 거실에서 학습한다는 것은, 학습뿐만이 아니라 소통을 포함한다. 공부라는 생각을 하지 않는 게 중요하다. 공부라고 생각을 하게 되니까 어려운 거다. 요즘 공부와 학습의 추세는 소통이고, 아무리 공부를 잘하고 스펙이 좋아도, 남들하고 소통하고 상대방의 마음을 읽고 대변해 주고 하는 이런 능력이 21세기에서는 필요하다. 공부, 학습에 중점을 두지 말고 소통, 즉 커뮤니케이션에 우선순위를 둬야 한다.

Q 거실 공부를 할 때 이것만큼은 주의해라 하는 점이 있나요?

거실 공부 공간을 만들 때는 절대 남들을 그대로 따라 하면 안 된다. 우리 가족만의 방법을 찾아야 한다. 부모와 아이들의 성향을 잘 알아야 한다. 아이들은 태생적으로 혼자서 공부를 하지 않는다. 유치원 때부터 다 같이, 그리고 엄마랑 선생님이랑 같이 공부하게 되는데 그 환경을 계속 이어 가야 한다. 어릴 때부터 거실에서 생활하는 환경을 지속하며 실천하는 게 중요하다. 그게 안 되어 있고, 학습에 대한 아무런 준비도 안 된 아이에게 갑자기 '거실에 책상 놨으니까 거기서 공부해' 하는 건 절대 안 된다.

거실 공부의 핵심은 자율성이다. 거실에 공부 공간을 만들어 놓고 자유롭게 사용하며 익숙한 공간이 되게 만드는 것이지, '책상에 앉아서 2시간 공부해' 이런 방식은 절대 안 된다. 거실 환경의 자율성과 강제성이 서로 대치되게 해서 아이들에게 인지 혼란이 오지 않게 주의해야 한다.

Q 거실 공부 노하우가 있나요?

거실 바닥에 상부터 펼친다. 아니면 거실 바닥에 배 깔고 뒹굴뒹굴 책을 읽든지, 그림을 그리든지, 가족과 놀이를 하든지. 여기서부터 시작해야 한다. 조금 나이가 많은 상태로 시작해도 똑같다. 거실에서 무언가라도 하는 것부터 시작한다. 처음에는 핸드폰이던 게 점점 책이 되고, 문제집이 되는 순간이 온다. 부모는 그저 소통하고, 관심을 가지고, 참여를 해 주면 된다.

부모의 실천이 굉장히 중요하다. 아이들이 거실에서 공부하는데 '그래 너네는 공부해라 나는 텔레비전 볼게' 하는 자세면 절대 성공하지 못한다. 부모님들이 나도 배우고 달라져야겠다는 마음가짐이 있어야 성공할 수 있다.

Q 거실 공부를 널리 알리고 싶은 이유가 있을까요?

사실 내가 하는 이 정도 교육은 다른 부모도 충분히 시킬 수 있다. 기회가 될 때마다 거실 공부를 알리려고 하는 건 사교육으로 고통받는 부모님들에게 이렇게 거실 공부만으로 사교육을 경감시킬 수도 있고, 아이들과 소통도 가능하고, 사이 좋은 부모 자녀가 될 수 있다는 것을 보여 주고 싶어서다. 이런 교육법을 통해서 아이들의 정서적 안정뿐만 아니라 학습적인 효과와 자율성이 높은 공부 습관을 만들어 줄 수 있다는 게 내 신념이다. 공부나 학습이 중요하지만 결국 소통을 통해서 아이들이 스스로 할 수 있게 만드는 과정이 핵심이라는 걸 다른 부모들과 공유하고 싶다.

Q 마지막으로 당부할 말이 있나요?

교육할 때 첫 번째도, 두 번째도 사실 아이들의 정서 건강이다. 아이들이 부모와 소통이 단절되고 정신적으로 힘들어지면 자기비하를 하기 시작한다. 나는 정말 소중한 존재고, 이 세상에서 자유롭고 행복하기 위해서 태어난 존재라는 것을 아이들이 느끼게 하는 게 교육이라 생각한다. 내가 교육하는 방식이 정답은 아니지만, 이 방법으로 교육을 하다 보면 아이들이 내가 행복하게 공부를 한다는 걸 스스로 깨닫게 될 거라고 믿어 의심치 않는다.

SBS 스페셜 – 체인지

1판 1쇄 발행 2023년 7월 5일

지은이 「SBS 스페셜」 제작팀
발행인 이상호
편 집 권은경

발행처 도서출판 혜화동
출판등록 2017년 8월 16일 제2017-000158호
주소 경기도 고양시 일산동구 위시티3로 111, 202-2504 (10324)
전화 070-8728-7484
팩스 031-624-5386
전자우편 hyehwadong79@naver.com

ISBN 979-11-90049-35-1 13370

ⓒ 2023, 「SBS 스페셜」 제작팀

＊ 책값은 뒤표지에 있습니다.
＊ 잘못된 책은 바꾸어 드립니다.